Delaf & Dubuc

Les Nombrils

Pour qui tu te prends ?

DUPUIS

Un gros merci à Marc Cuadrado pour ses judicieux conseils.

D.2013/0089/144
ISBN 978-2-8001-5815-0

Imprimé en Belgique par Proost.

www.dupuis.com

PEFC-Certifié
Ce livre est issu de forêts gérées durablement, de sources recyclées et contrôlées.
PEFC
PEFC/07-31-241 www.pefc.org

DALIM SOFTWARE
Powered by

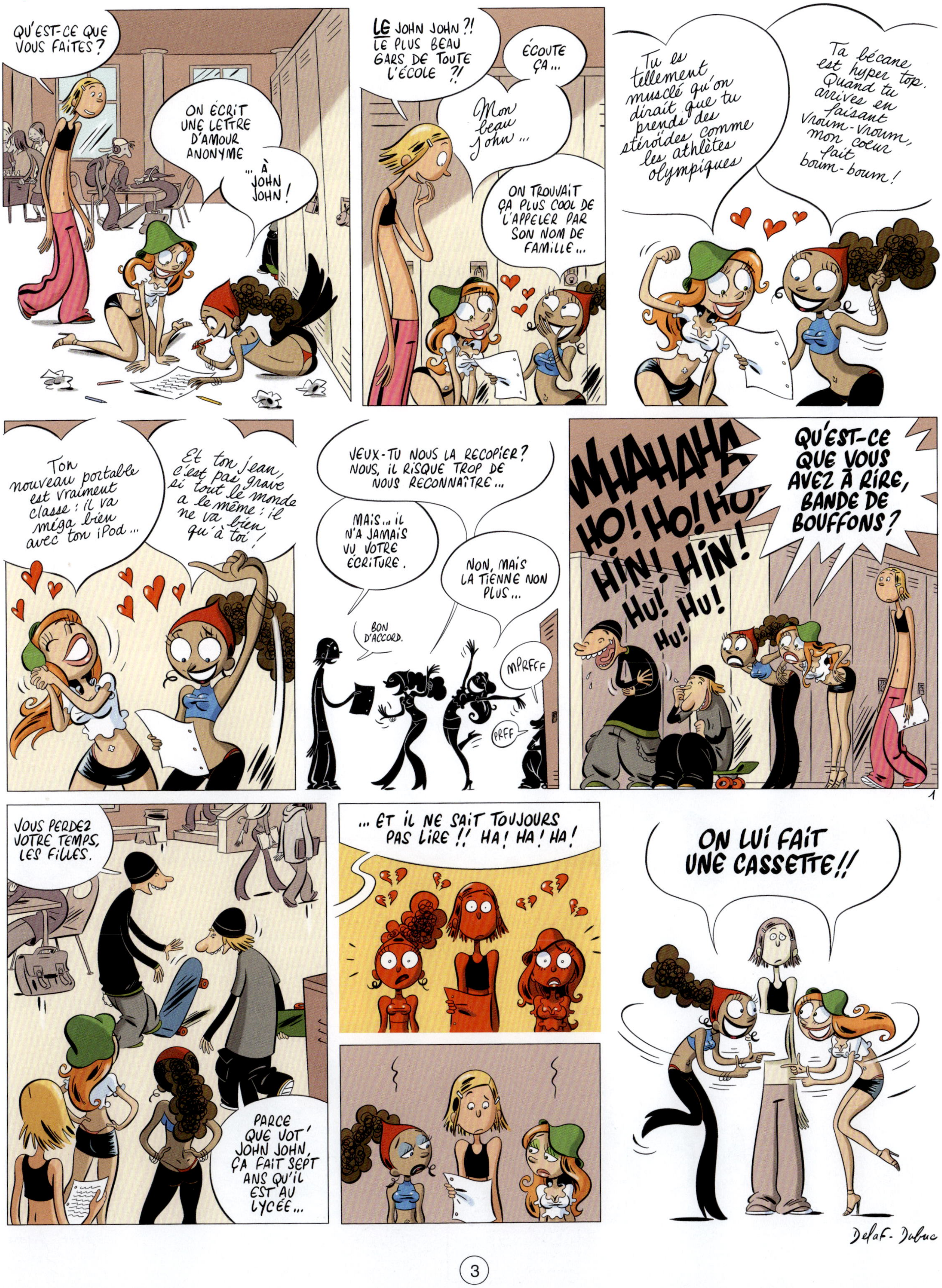
QU'EST-CE QUE VOUS FAITES ?
ON ÉCRIT UNE LETTRE D'AMOUR ANONYME
... À JOHN JOHN !
LE JOHN JOHN ?! LE PLUS BEAU GARS DE TOUTE L'ÉCOLE ?!
ÉCOUTE ÇA...
Mon beau John...
ON TROUVAIT ÇA PLUS COOL DE L'APPELER PAR SON NOM DE FAMILLE...
Tu es tellement musclé qu'on dirait que tu prends des stéroïdes comme les athlètes olympiques
Ta bécane est hyper top. Quand tu arrives en faisant vroum-vroum, mon coeur fait boum-boum !
Ton nouveau portable est vraiment classe : il va méga bien avec ton iPod...
Et ton jean, c'est pas grave si tout le monde a le même : il ne va bien qu'à toi !
VEUX-TU NOUS LA RECOPIER ? NOUS, IL RISQUE TROP DE NOUS RECONNAÎTRE...
MAIS... IL N'A JAMAIS VU VOTRE ÉCRITURE.
NON, MAIS LA TIENNE NON PLUS...
BON D'ACCORD.
MPRFFF
PRFF
WHAHAHA
HO! HO! HO!
HIN! HIN!
HU! HU!
HU!
QU'EST-CE QUE VOUS AVEZ À RIRE, BANDE DE BOUFFONS ?
VOUS PERDEZ VOTRE TEMPS, LES FILLES.
PARCE QUE VOT' JOHN JOHN, ÇA FAIT SEPT ANS QU'IL EST AU LYCÉE...
... ET IL NE SAIT TOUJOURS PAS LIRE !! HA ! HA ! HA !
ON LUI FAIT UNE CASSETTE !!
Delaf - Dubuc

VITE, LES FILLES ! 'FAUT AVOIR L'AIR OCCUPÉES, LE DÉPRESSIF REVIENT !
ENCORE ? IL ARRÊTE PAS DE NOUS TOURNER AUTOUR DEPUIS UNE DEMI-HEURE !
?
UN VRAI POT DE COLLE !
ET ENCORE ! UN POT DE COLLE, C'EST BIEN PLUS BEAU !
QU'EST-CE QU'IL A ? IL EST SI MOCHE QUE ÇA, LE DÉPRESSIF ?
SALUT, LES FILLES...
ÇA BOUME ?
IL NOUS PARLE, TU CROIS ?
NON, NON, IL A JUSTE DIT 'LES FILLES', ÇA POURRAIT ÊTRE N'IMPORTE QUI !
JENNY, VOUDRAIS-TU VENIR TE PROMENER AVEC MOI ?
DÉSOLÉE, J'SUIS HYPER OCCUPÉE, LÀ ! J'ÉCRIS 'LOVE' EN GROSSES LETTRES DANS MON AGENDA. J'SUIS PAS PRÈS DE FINIR...
AH BON. VICKY PEUT-ÊTRE...
IMPOSSIBLE ! 'FAUT QUE J'AIDE JENNY !
ÇA DEMANDE DES P'TITES FLEURS AUTOUR SINON C'EST PAS BEAU...
BON BEN... LA GRANDE ÉCHALOTE, ALORS ?
HEU... C'EST QUE...
BEN VOYONS ! QUI VA NOUS CHOISIR NOS CRAYONS ?
BON... SI VOUS ME CHERCHEZ, JE VAIS ÊTRE TRÈS PRÈS DU RAVIN, VOUS SAVEZ, CELUI QUI EST HYPER MÉGA PROFOND AVEC DES ROCHERS POINTUS AU FOND ?
O.K. BYE
ALLEZ, LES FILLES !! VOUS POURRIEZ ÊTRE PLUS GENTILLES AVEC LUI ! VOUS VOYEZ PAS QU'IL EST SUR LE POINT DE FAIRE UNE BÊTISE ?!
BOF... AVEC LA TÊTE QU'IL A, JE FERAIS PAREIL !
TU AS RAISON... ON AURAIT PU FAIRE UN EFFORT.
BON, D'ACCORD, ON A ÉTÉ UN PEU VACHES... MAIS T'INQUIÈTE, ON VA RÉPARER ÇA À L'INSTANT...
HÉ-HO ! TOI, LE MOCHE !
EUH...
TOI, LE GENTIL MOCHE...
GRATTE GRATTE
BEN DITES DONC ! ON DIRAIT QUE VOUS AVEZ SU TROUVER LES MOTS !
FASTOCHE...
LE PAUVRE PETIT AVAIT SEULEMENT BESOIN D'UNE OREILLE ATTENTIVE
... ALORS ON LUI A FILÉ TON NUMÉRO DE PORTABLE !
PILI BILI PILI BILI
Delaf - Dubuc

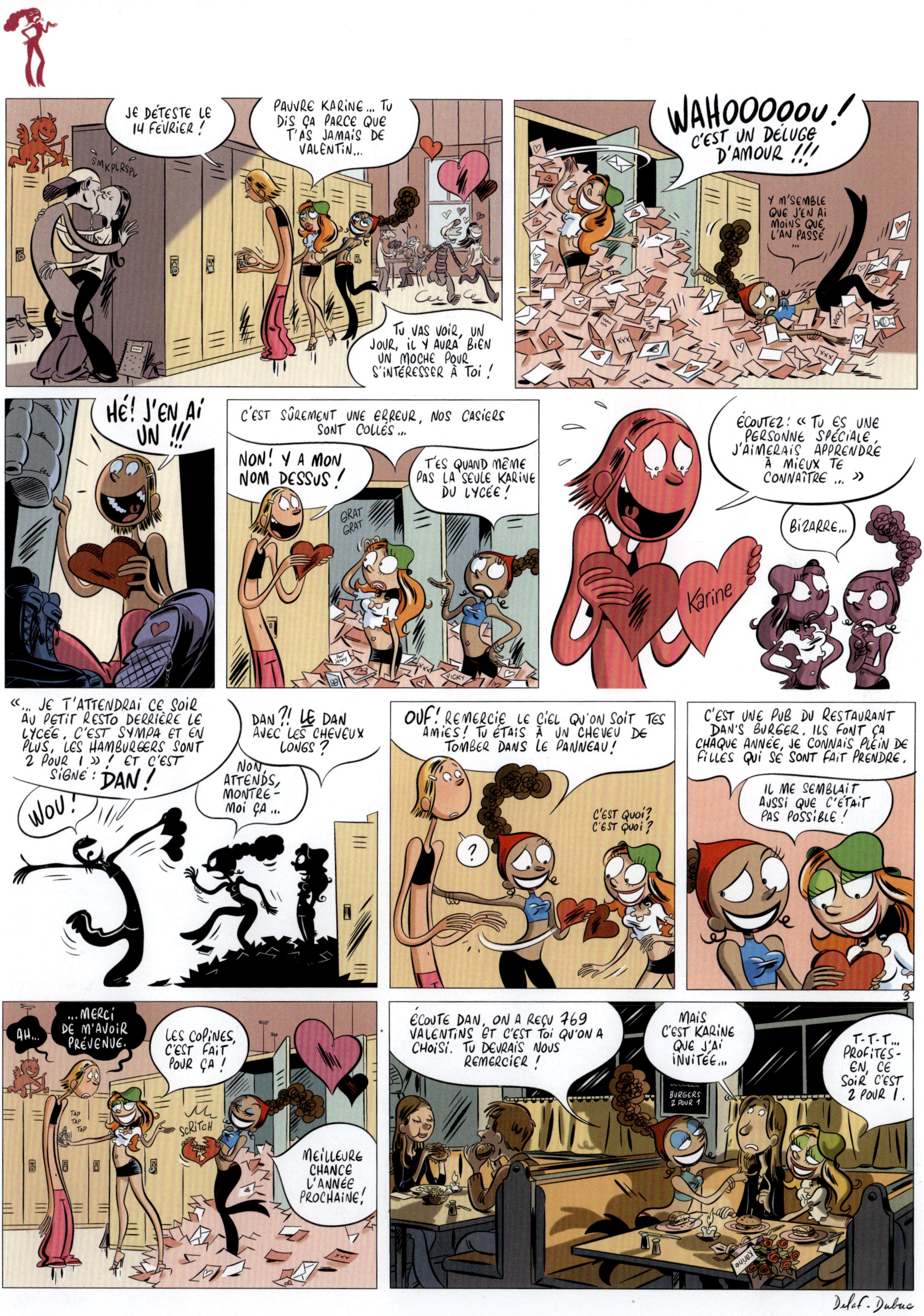

JE DÉTESTE LE 14 FÉVRIER !
SMKPLRSPL
PAUVRE KARINE... TU DIS ÇA PARCE QUE T'AS JAMAIS DE VALENTIN...
TU VAS VOIR, UN JOUR, IL Y AURA BIEN UN MOCHE POUR S'INTÉRESSER À TOI !
WAHOOOOOU ! C'EST UN DÉLUGE D'AMOUR !!!
Y M'SEMBLE QUE J'EN AI MOINS QUE L'AN PASSÉ ...
HÉ ! J'EN AI UN !!!
C'EST SÛREMENT UNE ERREUR, NOS CASIERS SONT COLLÉS...
NON ! Y A MON NOM DESSUS !
T'ES QUAND MÊME PAS LA SEULE KARINE DU LYCÉE !
GRAT GRAT
ÉCOUTEZ : « TU ES UNE PERSONNE SPÉCIALE, J'AIMERAIS APPRENDRE À MIEUX TE CONNAÎTRE... »
BIZARRE...
Karine
«... JE T'ATTENDRAI CE SOIR AU PETIT RESTO DERRIÈRE LE LYCÉE. C'EST SYMPA ET EN PLUS, LES HAMBURGERS SONT 2 POUR 1 » ! ET C'EST SIGNÉ : DAN !
DAN ?! LE DAN AVEC LES CHEVEUX LONGS ?
WOU !
NON, ATTENDS, MONTRE-MOI ÇA...
OUF ! REMERCIE LE CIEL QU'ON SOIT TES AMIES ! TU ÉTAIS À UN CHEVEU DE TOMBER DANS LE PANNEAU !
?
C'EST QUOI ? C'EST QUOI ?
C'EST UNE PUB DU RESTAURANT DAN'S BURGER. ILS FONT ÇA CHAQUE ANNÉE, JE CONNAIS PLEIN DE FILLES QUI SE SONT FAIT PRENDRE.
IL ME SEMBLAIT AUSSI QUE C'ÉTAIT PAS POSSIBLE !
AH...
... MERCI DE M'AVOIR PRÉVENUE.
LES COPINES, C'EST FAIT POUR ÇA !
TAP TAP TAP
SCRITCH
MEILLEURE CHANCE L'ANNÉE PROCHAINE !
ÉCOUTE DAN, ON A REÇU 769 VALENTINS ET C'EST TOI QU'ON A CHOISI. TU DEVRAIS NOUS REMERCIER !
MAIS C'EST KARINE QUE J'AI INVITÉE...
BURGERS 2 POUR 1
T-T-T... PROFITES-EN, CE SOIR C'EST 2 POUR 1.
Karine
Delaf - Dubuc

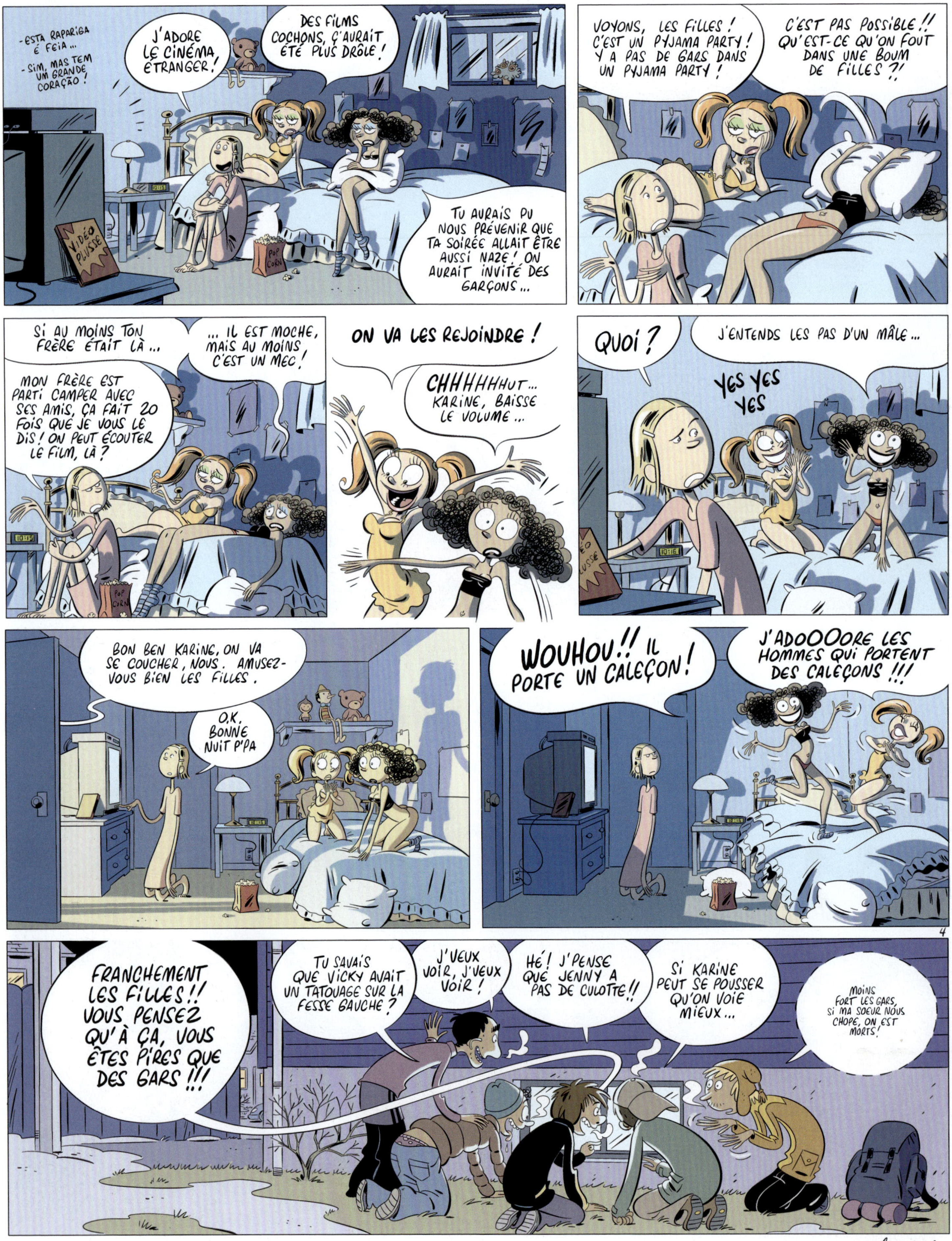
-ESTA RAPARIGA É FEIA...
-SIM, MAS TEM UM GRANDE CORAÇÃO!
J'ADORE LE CINÉMA ÉTRANGER!
DES FILMS COCHONS, ÇA AURAIT ÉTÉ PLUS DRÔLE!
TU AURAIS PU NOUS PRÉVENIR QUE TA SOIRÉE ALLAIT ÊTRE AUSSI NAZE! ON AURAIT INVITÉ DES GARÇONS...
VIDÉO PLUSSE
POP CORN
VOYONS, LES FILLES! C'EST UN PYJAMA PARTY! Y A PAS DE GARS DANS UN PYJAMA PARTY!
C'EST PAS POSSIBLE!! QU'EST-CE QU'ON FOUT DANS UNE BOUM DE FILLES?!
SI AU MOINS TON FRÈRE ÉTAIT LÀ...
... IL EST MOCHE, MAIS AU MOINS C'EST UN MEC!
MON FRÈRE EST PARTI CAMPER AVEC SES AMIS, ÇA FAIT 20 FOIS QUE JE VOUS LE DIS! ON PEUT ÉCOUTER LE FILM, LÀ?
ON VA LES REJOINDRE!
CHHHHHUT... KARINE, BAISSE LE VOLUME...
QUOI?
J'ENTENDS LES PAS D'UN MÂLE...
YES YES YES
BON BEN KARINE, ON VA SE COUCHER, NOUS. AMUSEZ-VOUS BIEN LES FILLES.
O.K. BONNE NUIT P'PA
WOUHOU!! IL PORTE UN CALEÇON!
J'ADOOOORE LES HOMMES QUI PORTENT DES CALEÇONS!!!
FRANCHEMENT LES FILLES!! VOUS PENSEZ QU'À ÇA, VOUS ÊTES PIRES QUE DES GARS!!!
TU SAVAIS QUE VICKY AVAIT UN TATOUAGE SUR LA FESSE GAUCHE?
J'VEUX VOIR, J'VEUX VOIR!
HÉ! J'PENSE QUE JENNY A PAS DE CULOTTE!!
SI KARINE PEUT SE POUSSER QU'ON VOIE MIEUX...
MOINS FORT LES GARS, SI MA SOEUR NOUS CHOPE, ON EST MORTS!

Delaf - Dubuc

HOULA ! S'IL NE NOUS TOMBE PAS DANS LES BRAS APRÈS AVOIR LU ÇA, C'EST CLAIR, IL EST GAY !
POUR L'ADRESSE, SELON TOI, ON CHERCHE DANS "B" COMME BRAD OU "P" COMME PITT ?
LES FILLES ! AU SECOURS !
J'AI OUBLIÉ DE ME RASER CE MATIN !...
CATASTROPHE !
...ET J'AI UN COURS DE PISCINE DANS 5 MINUTES !
BREF : TA VIE SOCIALE EST RUINÉE !
JE STREEEEEEEEESSE !!!
O.K., PAS DE PANIQUE ! JE TE RÉDIGE UN MOT DE TA MÈRE DISANT QUE TU TE SENS MAL...
...TU LE DONNES AU PROF ET T'ÉVITES LE SUICIDE !
JE PEUX PAS MENTIR AU PROF ! LUI ET SA FEMME CONNAISSENT MES PARENTS : ILS SE CROISENT TOUS LES DIMANCHES À LA MESSE !
C'EST ENCORE MIEUX !
IL NE METTRA PAS TA PAROLE EN DOUTE !
FAIS-NOUS CONFIANCE !
BON ...
CLIK !
M...
...MONSIEUR...?
?
AH ! KARINE ! COMMENT VAS-TU ?
B... BIEN...
ET TES PARENTS ? ILS SONT SI GENTILS ...
DE SI BONS CHRÉTIENS ...
JUSTEMENT... MA MÈRE A ÉCRIT CECI POUR VOUS...
POUR MOI ?
GLPS !
UNE CHANCE QU'ON EXISTE ! KARINE AURAIT RUINÉ SON AVENIR !
ALLEZ ! MAINTENANT FINISSONS-EN AVEC CETTE LETTRE D'AMOUR !
TAP ! TAP ! TAP !
ON EN ÉTAIT OÙ ?
SHIT ! C'EST LE MOT POUR LE PROF !
KARINE NOUS A PIQUÉ NOTRE DÉCLARATION À BRAD !
AAAAH LA CHIPIE !
GRATTE GRATTE
BAM !
« ...Allez, oubliez votre femme, vous méritez mieux que cette guenon ! Et puis j'ai une super technique pour rouler des pelles, vous en aurez le souffle coupé ! »
S'IL VOUS PLAÎT ! AIDEZ-MOI !!
PFFF
ALLEZ VIENS, ON SE CASSE. QU'ILS FASSENT LEURS COCHONNERIES TOUT SEULS !
DÉGUEU !
Delaf - Dubuc

TU AS VU ÇA ? C'EST INACCEPTABLE !
TU AS RAISON, ON PEUT PAS TOLÉRER CE GENRE D'ATTITUDE, C'EST RABAISSANT !
?
MAIS DE QUOI VOUS PARLEZ ?
LE VENDEUR, LÀ ! IL NOUS A MÊME PAS REGARDÉES ! IL SE PREND POUR QUI ?
MONSIEUR MOCHETÉ SE CROIT TROP MIGNON POUR S'INTÉRESSER À NOUS ? ATTENDS UN PEU...
QUELLE JOLIE COULEUR ! VOUS LE FAITES AUSSI EN VERT VOMI ?
!
POUF
CE VASE DOIT VALOIR VACHEMENT CHER ! OUPS ! CASSÉ...
TA MAMAN T'A PAS APPRIS À FAIRE TON LIT ?
KLING !
LES FILLES, ARRÊTEZ ! IL VOUS AVAIT PAS VUES, C'EST TOUT !
S'IL VOUS PLAÎT ! LE PATRON VA ME FAIRE DES ENNUIS !
SHLAK !
'FALLAIT Y PENSER AVANT !
BOUM !
C'EST LA DERNIÈRE FOIS QUE TU MANQUES DE RESPECT À DES JEUNES FILLES !
TAK !
ON Y VA, MAINTENANT ?
OUI, ASSEZ PERDU DE TEMPS !
HEU... JE TE DONNE UN COUP DE MAIN ?
C'EST PAS DE REFUS.
VOILÀ. COMME ÇA TON PATRON N'Y VERRA RIEN.
M... MERCI.
BÉLANGER ! J'AVAIS DIT PAS DE PETITE AMIE AU BOULOT !
ELLE ? MA PETITE AMIE ?!
HA ! HA !
VOUS VOULEZ RIRE ?
REGARDEZ-LA, ELLE EST BEAUCOUP TROP MOCHE...
ALLEZ, DIS-LUI QUE T'ES PAS MA COPINE !
KARIIIINE, BRAVO ! FAIRE VIRER MONSIEUR MOCHETÉ, MÊME MOI J'AURAIS PAS OSÉ !
T'ES PEUT-ÊTRE MOCHE, MAIS DES TROIS C'EST TOI LA PLUS VACHE !
CLAP CLAP CLAP
OUI, BON, ÇA VA, HEIN !
Delaf - Dubuc

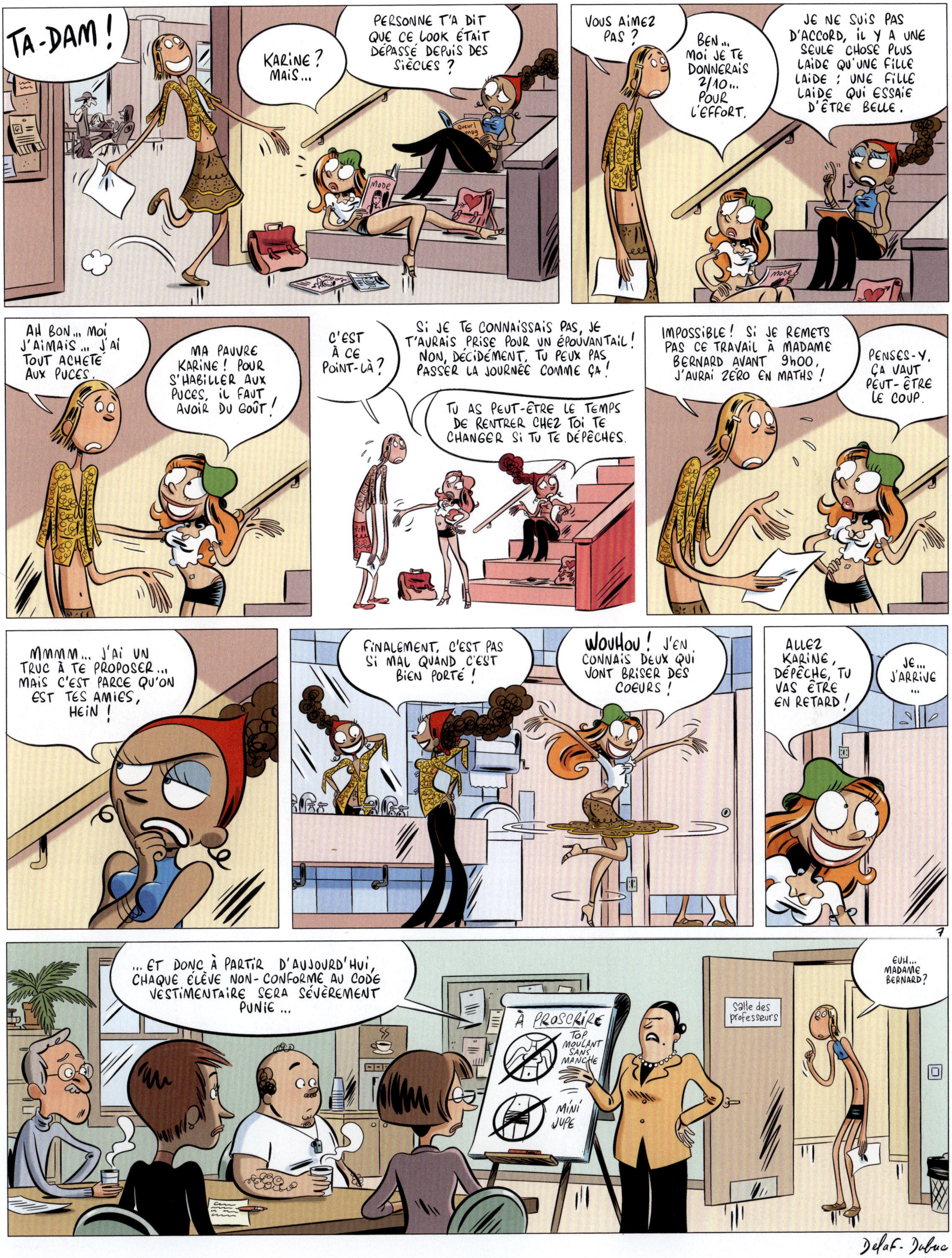
TA-DAM !
KARINE ? MAIS...
PERSONNE T'A DIT QUE CE LOOK ÉTAIT DÉPASSÉ DEPUIS DES SIÈCLES ?
VOUS AIMEZ PAS ?
BEN... MOI JE TE DONNERAIS 2/10... POUR L'EFFORT.
JE NE SUIS PAS D'ACCORD, IL Y A UNE SEULE CHOSE PLUS LAIDE QU'UNE FILLE LAIDE : UNE FILLE LAIDE QUI ESSAIE D'ÊTRE BELLE.
AH BON... MOI J'AIMAIS... J'AI TOUT ACHETÉ AUX PUCES.
MA PAUVRE KARINE ! POUR S'HABILLER AUX PUCES, IL FAUT AVOIR DU GOÛT !
C'EST À CE POINT-LÀ ?
SI JE TE CONNAISSAIS PAS, JE T'AURAIS PRISE POUR UN ÉPOUVANTAIL ! NON, DÉCIDÉMENT, TU PEUX PAS PASSER LA JOURNÉE COMME ÇA !
TU AS PEUT-ÊTRE LE TEMPS DE RENTRER CHEZ TOI TE CHANGER SI TU TE DÉPÊCHES.
IMPOSSIBLE ! SI JE REMETS PAS CE TRAVAIL À MADAME BERNARD AVANT 9H00, J'AURAI ZÉRO EN MATHS !
PENSES-Y. ÇA VAUT PEUT-ÊTRE LE COUP.
MMMM... J'AI UN TRUC À TE PROPOSER... MAIS C'EST PARCE QU'ON EST TES AMIES, HEIN !
FINALEMENT, C'EST PAS SI MAL QUAND C'EST BIEN PORTÉ !
WOUHOU ! J'EN CONNAIS DEUX QUI VONT BRISER DES COEURS !
ALLEZ KARINE, DÉPÊCHE, TU VAS ÊTRE EN RETARD !
JE... J'ARRIVE...
... ET DONC À PARTIR D'AUJOURD'HUI, CHAQUE ÉLÈVE NON-CONFORME AU CODE VESTIMENTAIRE SERA SÉVÈREMENT PUNIE...
À PROSCRIRE
TOP MOULANT SANS MANCHE
MINI JUPE
Salle des professeurs
EUH... MADAME BERNARD ?
Delaf - Dubuc

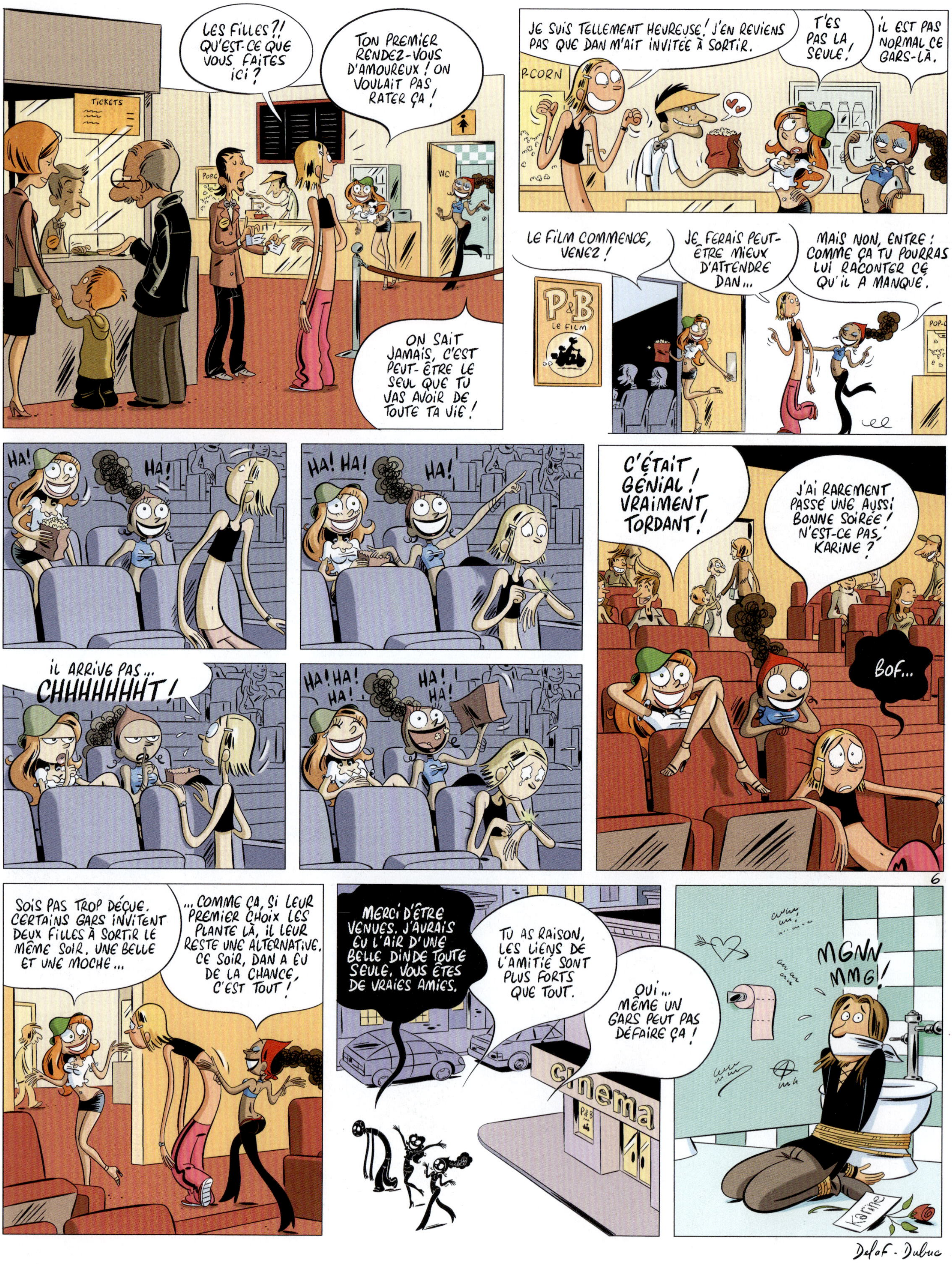

LES FILLES ?! QU'EST-CE QUE VOUS FAITES ICI ?
TON PREMIER RENDEZ-VOUS D'AMOUREUX ! ON VOULAIT PAS RATER ÇA !
TICKETS
WC
ON SAIT JAMAIS, C'EST PEUT-ÊTRE LE SEUL QUE TU VAS AVOIR DE TOUTE TA VIE !
JE SUIS TELLEMENT HEUREUSE ! J'EN REVIENS PAS QUE DAN M'AIT INVITÉE À SORTIR.
T'ES PAS LA SEULE !
IL EST PAS NORMAL CE GARS-LÀ.
LE FILM COMMENCE, VENEZ !
JE FERAIS PEUT-ÊTRE MIEUX D'ATTENDRE DAN...
MAIS NON, ENTRE : COMME ÇA TU POURRAS LUI RACONTER CE QU'IL A MANQUÉ.
P&B LE FILM
HA! HA!
HA! HA! HA!
IL ARRIVE PAS...
CHHHHHHHT !
HA! HA! HA! HA! HA!
C'ÉTAIT GÉNIAL ! VRAIMENT TORDANT !
J'AI RAREMENT PASSÉ UNE AUSSI BONNE SOIRÉE ! N'EST-CE PAS, KARINE ?
BOF...
SOIS PAS TROP DÉÇUE. CERTAINS GARS INVITENT DEUX FILLES À SORTIR LE MÊME SOIR, UNE BELLE ET UNE MOCHE...
...COMME ÇA, SI LEUR PREMIER CHOIX LES PLANTE LÀ, IL LEUR RESTE UNE ALTERNATIVE. CE SOIR, DAN A EU DE LA CHANCE, C'EST TOUT !
MERCI D'ÊTRE VENUES. J'AURAIS EU L'AIR D'UNE BELLE DINDE TOUTE SEULE. VOUS ÊTES DE VRAIES AMIES.
TU AS RAISON, LES LIENS DE L'AMITIÉ SONT PLUS FORTS QUE TOUT.
OUI... MÊME UN GARS PEUT PAS DÉFAIRE ÇA !
CINEMA
MGNN MMG !
Karine
Delaf - Dubuc

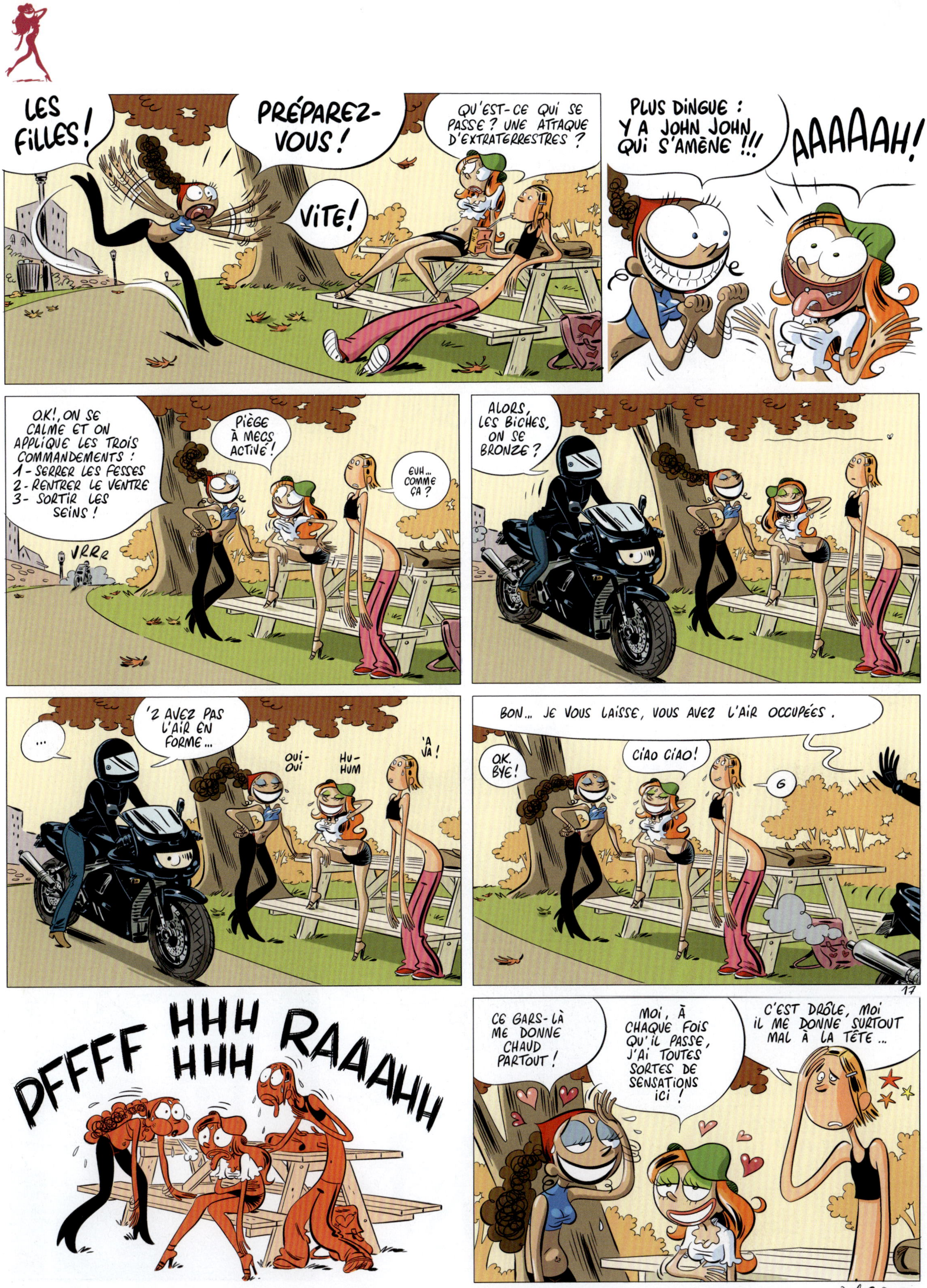
LES FILLES !
PRÉPAREZ-VOUS !
VITE !
QU'EST-CE QUI SE PASSE ? UNE ATTAQUE D'EXTRATERRESTRES ?
PLUS DINGUE : Y A JOHN JOHN QUI S'AMÈNE !!!
AAAAAH !
O.K. !, ON SE CALME ET ON APPLIQUE LES TROIS COMMANDEMENTS :
1 - SERRER LES FESSES
2 - RENTRER LE VENTRE
3 - SORTIR LES SEINS !
VRRR
PIÈGE À MECS ACTIVÉ !
EUH... COMME ÇA ?
ALORS, LES BICHES, ON SE BRONZE ?
...
'Z AVEZ PAS L'AIR EN FORME...
OUI-OUI
HU-HUM
'A VA !
BON... JE VOUS LAISSE, VOUS AVEZ L'AIR OCCUPÉES.
O.K. BYE !
CIAO CIAO !
G
PFFFF
HHH HHH
RAAAAHH
CE GARS-LÀ ME DONNE CHAUD PARTOUT !
MOI, À CHAQUE FOIS QU'IL PASSE, J'AI TOUTES SORTES DE SENSATIONS ICI !
C'EST DRÔLE, MOI IL ME DONNE SURTOUT MAL À LA TÊTE...
Delaf - Dubuc

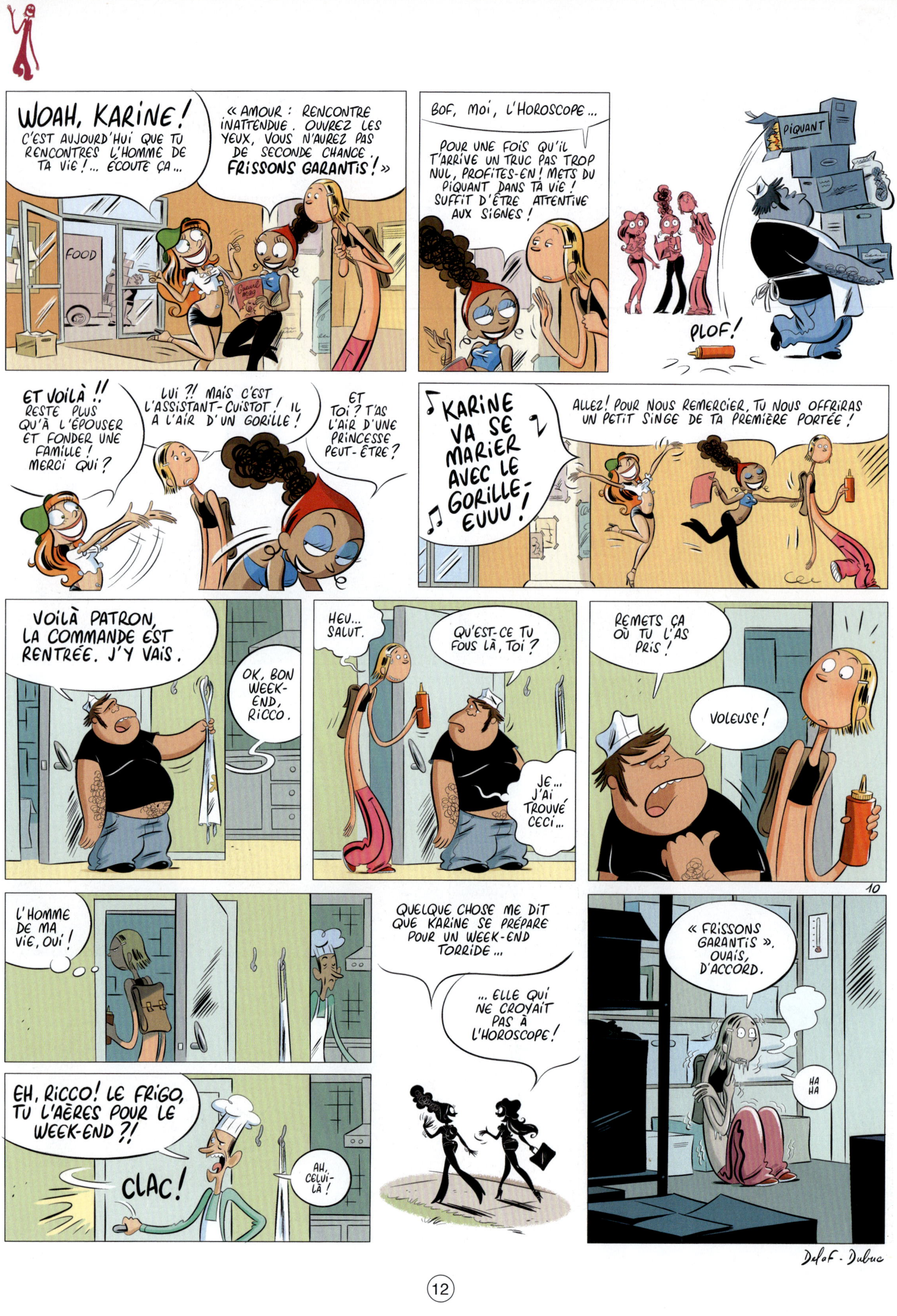
WOAH, KARINE !
C'EST AUJOURD'HUI QUE TU RENCONTRES L'HOMME DE TA VIE !... ÉCOUTE ÇA...
« AMOUR : RENCONTRE INATTENDUE. OUVREZ LES YEUX, VOUS N'AUREZ PAS DE SECONDE CHANCE. FRISSONS GARANTIS ! »
FOOD
BOF, MOI, L'HOROSCOPE...
POUR UNE FOIS QU'IL T'ARRIVE UN TRUC PAS TROP NUL, PROFITES-EN ! METS DU PIQUANT DANS TA VIE ! SUFFIT D'ÊTRE ATTENTIVE AUX SIGNES !
PIQUANT
PLOF !
ET VOILÀ !! RESTE PLUS QU'À L'ÉPOUSER ET FONDER UNE FAMILLE ! MERCI QUI ?
LUI ?! MAIS C'EST L'ASSISTANT-CUISTOT ! IL A L'AIR D'UN GORILLE !
ET TOI ? T'AS L'AIR D'UNE PRINCESSE PEUT-ÊTRE ?
KARINE VA SE MARIER AVEC LE GORILLE-EUUU !
ALLEZ ! POUR NOUS REMERCIER, TU NOUS OFFRIRAS UN PETIT SINGE DE TA PREMIÈRE PORTÉE !
VOILÀ PATRON, LA COMMANDE EST RENTRÉE. J'Y VAIS.
OK, BON WEEK-END, RICCO.
HEU... SALUT.
QU'EST-CE TU FOUS LÀ, TOI ?
JE... J'AI TROUVÉ CECI...
REMETS ÇA OÙ TU L'AS PRIS !
VOLEUSE !
L'HOMME DE MA VIE, OUI !
QUELQUE CHOSE ME DIT QUE KARINE SE PRÉPARE POUR UN WEEK-END TORRIDE...
... ELLE QUI NE CROYAIT PAS À L'HOROSCOPE !
« FRISSONS GARANTIS ». OUAIS, D'ACCORD.
HA HA
EH, RICCO ! LE FRIGO, TU L'AÈRES POUR LE WEEK-END ?!
CLAC !
AH, CELUI-LÀ !
10
Delaf - Dubuc

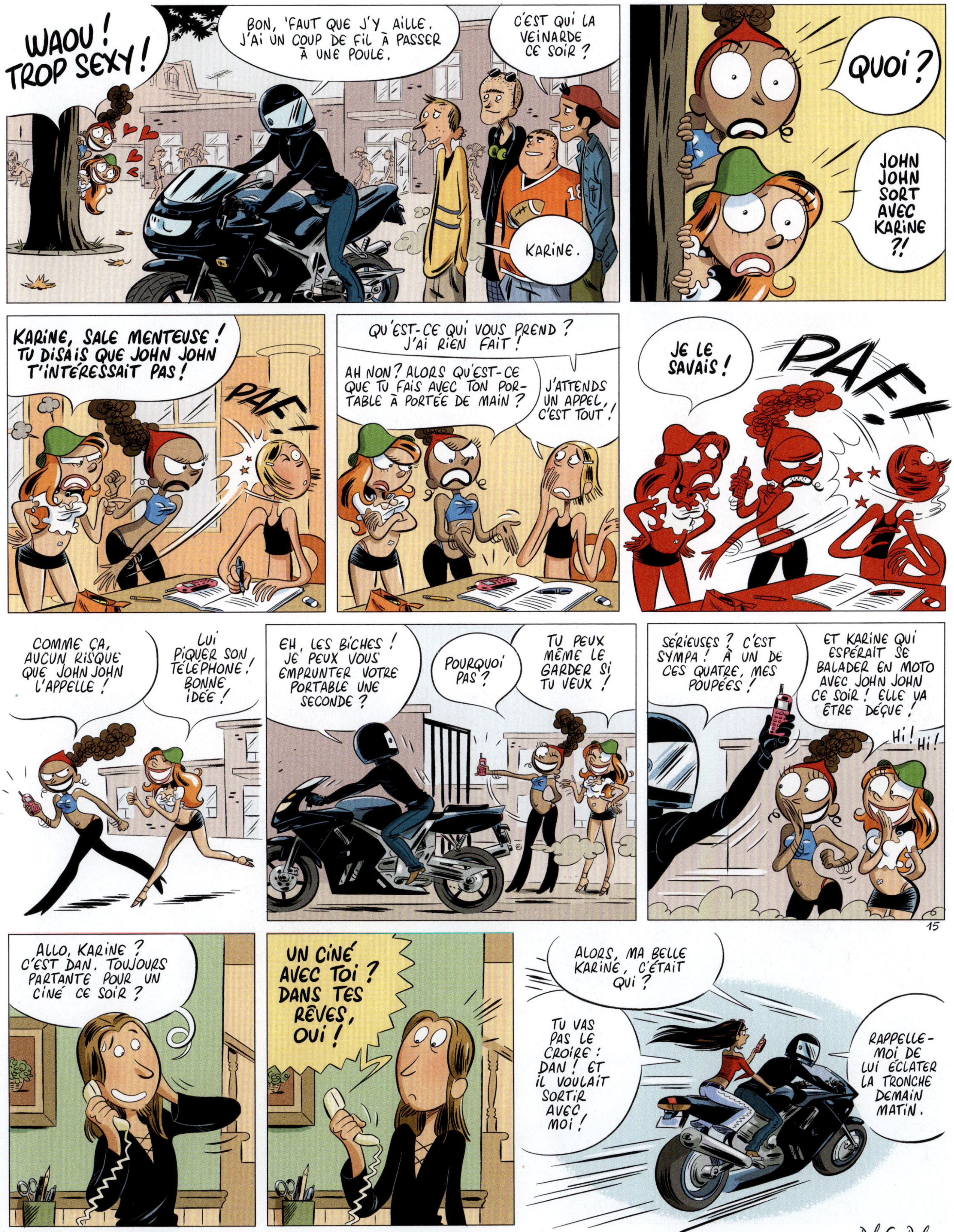
WAOU ! TROP SEXY !
BON, 'FAUT QUE J'Y AILLE. J'AI UN COUP DE FIL À PASSER À UNE POULE.
C'EST QUI LA VEINARDE CE SOIR ?
KARINE.
QUOI ?
JOHN JOHN SORT AVEC KARINE ?!
KARINE, SALE MENTEUSE ! TU DISAIS QUE JOHN JOHN T'INTÉRESSAIT PAS !
PAF !
QU'EST-CE QUI VOUS PREND ? J'AI RIEN FAIT !
AH NON ? ALORS QU'EST-CE QUE TU FAIS AVEC TON PORTABLE À PORTÉE DE MAIN ?
J'ATTENDS UN APPEL, C'EST TOUT !
JE LE SAVAIS !
PAF !
COMME ÇA, AUCUN RISQUE QUE JOHN JOHN L'APPELLE !
LUI PIQUER SON TÉLÉPHONE ! BONNE IDÉE !
EH, LES BICHES ! JE PEUX VOUS EMPRUNTER VOTRE PORTABLE UNE SECONDE ?
POURQUOI PAS ?
TU PEUX MÊME LE GARDER SI TU VEUX !
SÉRIEUSES ? C'EST SYMPA ! À UN DE CES QUATRE, MES POUPÉES !
ET KARINE QUI ESPÉRAIT SE BALADER EN MOTO AVEC JOHN JOHN CE SOIR ! ELLE VA ÊTRE DÉÇUE !
HI ! HI !
15
ALLO, KARINE ? C'EST DAN. TOUJOURS PARTANTE POUR UN CINÉ CE SOIR ?
UN CINÉ AVEC TOI ? DANS TES RÊVES, OUI !
ALORS, MA BELLE KARINE, C'ÉTAIT QUI ?
TU VAS PAS LE CROIRE : DAN ! ET IL VOULAIT SORTIR AVEC MOI !
RAPPELLE-MOI DE LUI ÉCLATER LA TRONCHE DEMAIN MATIN.
Delaf - Dubuc

?
HA ! HA !
25
EH, LES FILLES, C'EST DINGUE, LES POISSONS. ILS ME SUIVENT...
?
HENRI !
Delaf - Dubuc

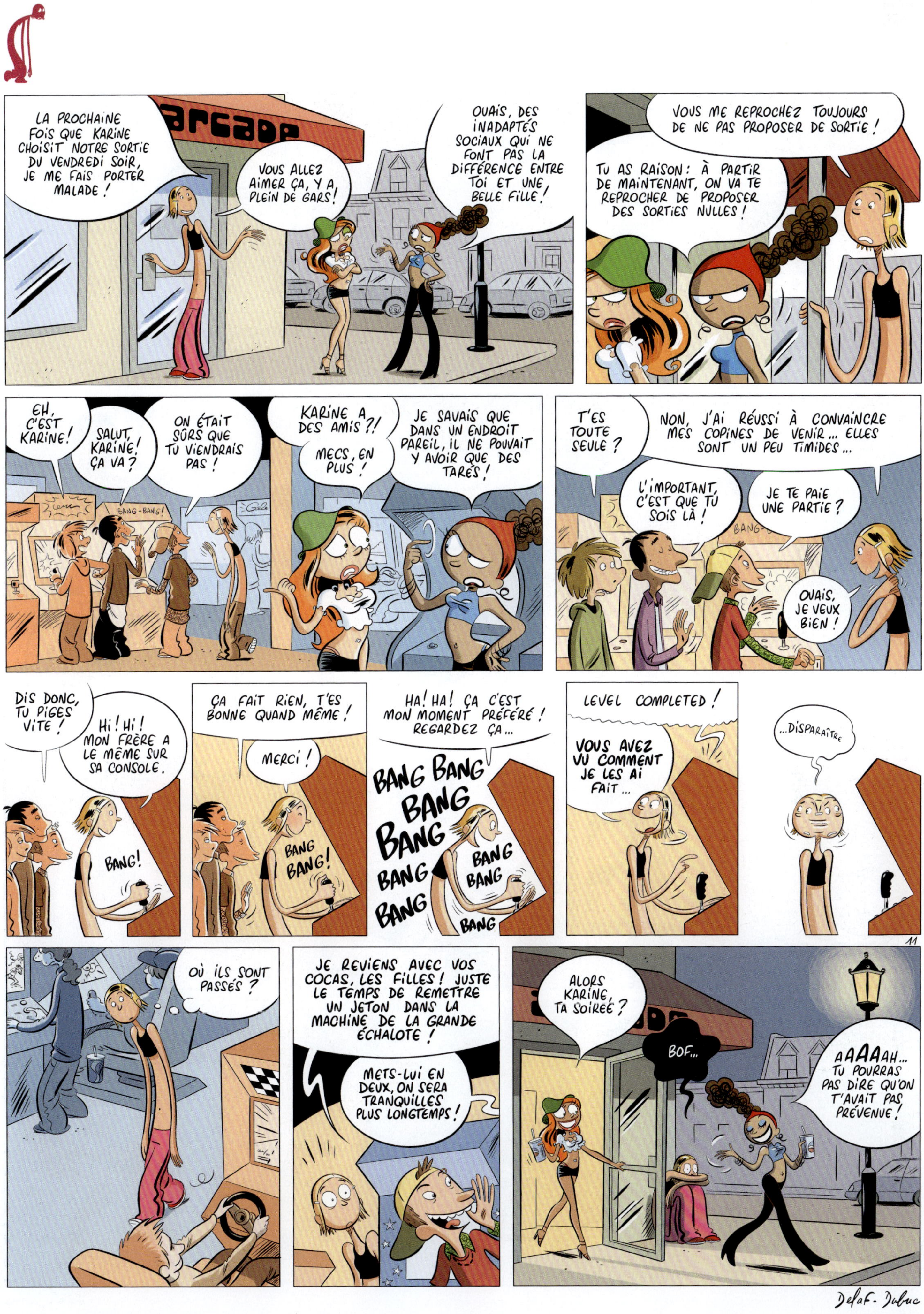
LA PROCHAINE FOIS QUE KARINE CHOISIT NOTRE SORTIE DU VENDREDI SOIR, JE ME FAIS PORTER MALADE !
ARCADE
VOUS ALLEZ AIMER ÇA, Y A PLEIN DE GARS !
OUAIS, DES INADAPTÉS SOCIAUX QUI NE FONT PAS LA DIFFÉRENCE ENTRE TOI ET UNE BELLE FILLE !
VOUS ME REPROCHEZ TOUJOURS DE NE PAS PROPOSER DE SORTIE !
TU AS RAISON : À PARTIR DE MAINTENANT, ON VA TE REPROCHER DE PROPOSER DES SORTIES NULLES !
EH, C'EST KARINE !
SALUT, KARINE ! ÇA VA ?
ON ÉTAIT SÛRS QUE TU VIENDRAIS PAS !
BANG-BANG !
KARINE A DES AMIS ?!
MECS, EN PLUS !
JE SAVAIS QUE DANS UN ENDROIT PAREIL, IL NE POUVAIT Y AVOIR QUE DES TARÉS !
T'ES TOUTE SEULE ?
NON, J'AI RÉUSSI À CONVAINCRE MES COPINES DE VENIR... ELLES SONT UN PEU TIMIDES...
L'IMPORTANT, C'EST QUE TU SOIS LÀ !
JE TE PAIE UNE PARTIE ?
OUAIS, JE VEUX BIEN !
DIS DONC, TU PIGES VITE !
HI ! HI ! MON FRÈRE A LE MÊME SUR SA CONSOLE.
BANG !
ÇA FAIT RIEN, T'ES BONNE QUAND MÊME !
MERCI !
BANG BANG !
HA ! HA ! ÇA C'EST MON MOMENT PRÉFÉRÉ ! REGARDEZ ÇA...
BANG BANG BANG BANG BANG BANG
BANG BANG BANG
LEVEL COMPLETED !
VOUS AVEZ VU COMMENT JE LES AI FAIT...
...DISPARAÎTRE
OÙ ILS SONT PASSÉS ?
JE REVIENS AVEC VOS COCAS, LES FILLES ! JUSTE LE TEMPS DE REMETTRE UN JETON DANS LA MACHINE DE LA GRANDE ÉCHALOTE !
METS-LUI EN DEUX, ON SERA TRANQUILLES PLUS LONGTEMPS !
ALORS KARINE, TA SOIRÉE ?
BOF...
AAAAAH... TU POURRAS PAS DIRE QU'ON T'AVAIT PAS PRÉVENUE !
Delaf - Dubuc

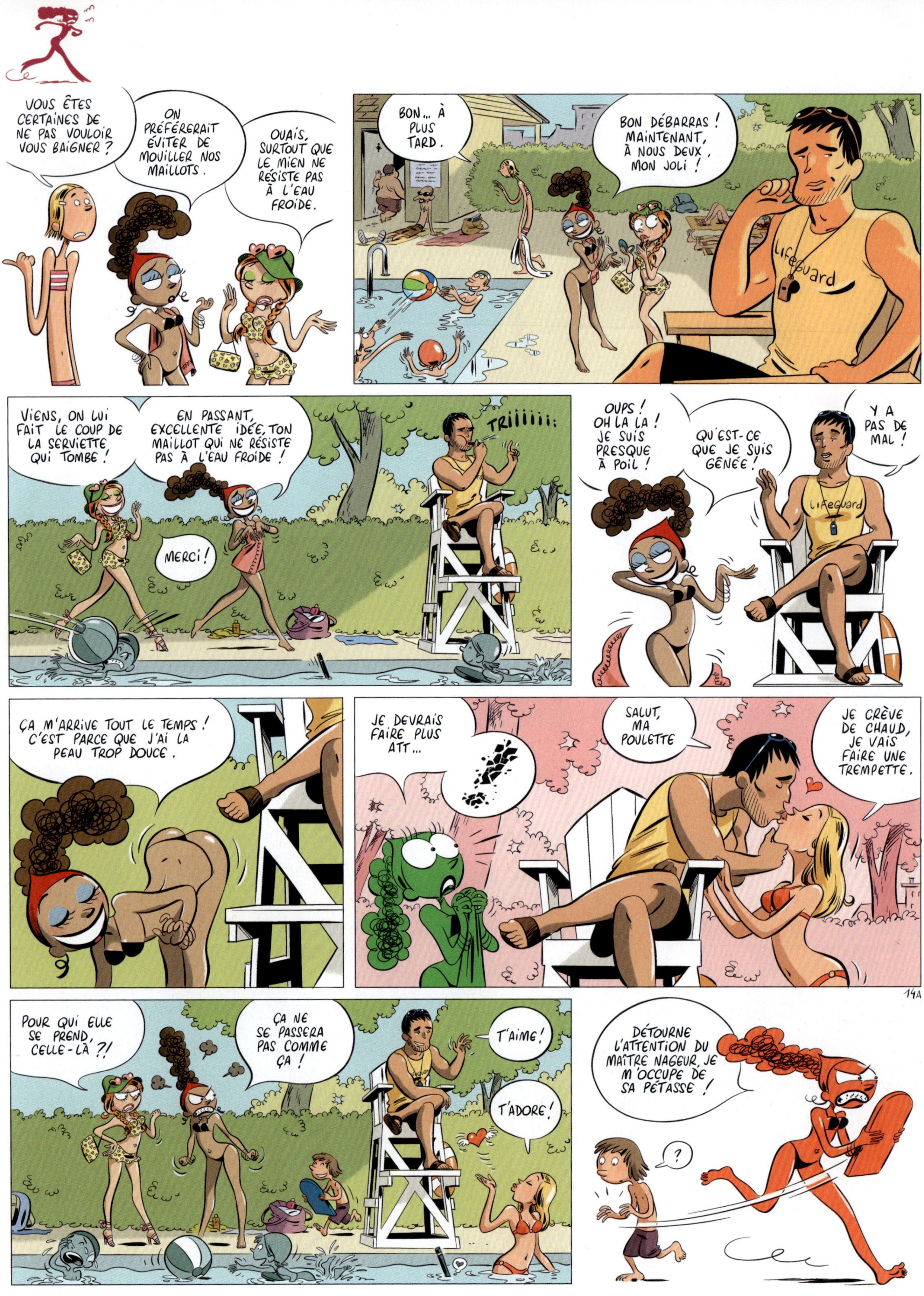

VOUS ÊTES CERTAINES DE NE PAS VOULOIR VOUS BAIGNER ?
ON PRÉFÉRERAIT ÉVITER DE MOUILLER NOS MAILLOTS.
OUAIS, SURTOUT QUE LE MIEN NE RÉSISTE PAS À L'EAU FROIDE.
BON... À PLUS TARD.
BON DÉBARRAS ! MAINTENANT, À NOUS DEUX, MON JOLI !
LIFEGUARD
VIENS, ON LUI FAIT LE COUP DE LA SERVIETTE QUI TOMBE !
EN PASSANT, EXCELLENTE IDÉE, TON MAILLOT QUI NE RÉSISTE PAS À L'EAU FROIDE !
TRIiiiiii!
MERCI !
OUPS ! OH LA LA ! JE SUIS PRESQUE À POIL !
QU'EST-CE QUE JE SUIS GÊNÉE !
Y A PAS DE MAL !
ÇA M'ARRIVE TOUT LE TEMPS ! C'EST PARCE QUE J'AI LA PEAU TROP DOUCE.
JE DEVRAIS FAIRE PLUS ATT...
SALUT, MA POULETTE
JE CRÈVE DE CHAUD, JE VAIS FAIRE UNE TREMPETTE.
POUR QUI ELLE SE PREND, CELLE-LÀ ?!
ÇA NE SE PASSERA PAS COMME ÇA !
T'AIME !
T'ADORE !
?
DÉTOURNE L'ATTENTION DU MAÎTRE NAGEUR, JE M'OCCUPE DE SA PÉTASSE !

GRRR
C'EST TA DERNIÈRE TREMPETTE, MA POULETTE !
SPLAF
LA PROCHAINE FOIS, PENSES-Y DEUX FOIS AVANT D'EXISTER !
HI ! HI !
C'EST RIGOLO, ÇA FAIT DES BULLES !
TU VOIS BIEN QUE J'Y ARRIVE PAS TOUTE SEULE ! VIENS M'AIDER !
BEUH, ÇA NE FAIT PLUS DE BULLES...
PLUS DE BULLES : PLUS DE PROBLÈME !
HÉ ! HÉ !
DIS DONC, TU DEVAIS PAS T'OCCUPER DE DISTRAIRE LE MAÎTRE NAGEUR, TOI ?
PAS BESOIN, SA BLONDASSE LE FAIT TRÈS BIEN !
ÎÎÎÎÎÎÎ
CROTTE !
PFFFF... PFFFF...
KARINE, SALE CHIPIE ! JE SUIS SÛRE QUE TU AVAIS PRÉVU TON COUP !
AH ZUT...
Y A MON MAILLOT QUI RÉTRÉCIT...
Delaf - Dubuc

… EST 5 HEURES DU MAT', VOUS ÉCOUTEZ RAAADIO HITS, LA RADIO ZÉRO INFO TOUT EN …
… MUSIQUE. ON ENCHAÎNE SANS PLUS TARDER AVEC LE PALMARÈS LE PLUS HOT EN VILLE …
Z Z Z Z
5:00
5:00
5:00
OH SI C'EST MOI QUE TU VEEEUX …
… PRENDS UN NUMÉRO, FAIS LA QUEEEUE …
Z Z Z Z
6:00
NO MATTER SHE'S GOT A BIG NOSE …
… BECAUSE SHE'S CUTE FROM TITS TO TOES …
TAP! TAP!
… LÀ QUI CONCLUT NOTRE ANALYSE POLITIQUE. COUP D'OEIL MÉTÉO, AVERSES PARFOIS FORTES TOUT AU LONG DE LA MATINÉE …
7:00
7:00
7:00
26
NO MATTER SHE'S GOT A BIG NOSE …
… BICOZE CHISE QUIOUTE FROME TITOUTOZE …
PLIC!
FLOP!
JE PARIE QU'ELLE SAIT MÊME PAS QUI EST AU TOP DU PALMARÈS.
?
LYCÉE
Delaf - Dubuc

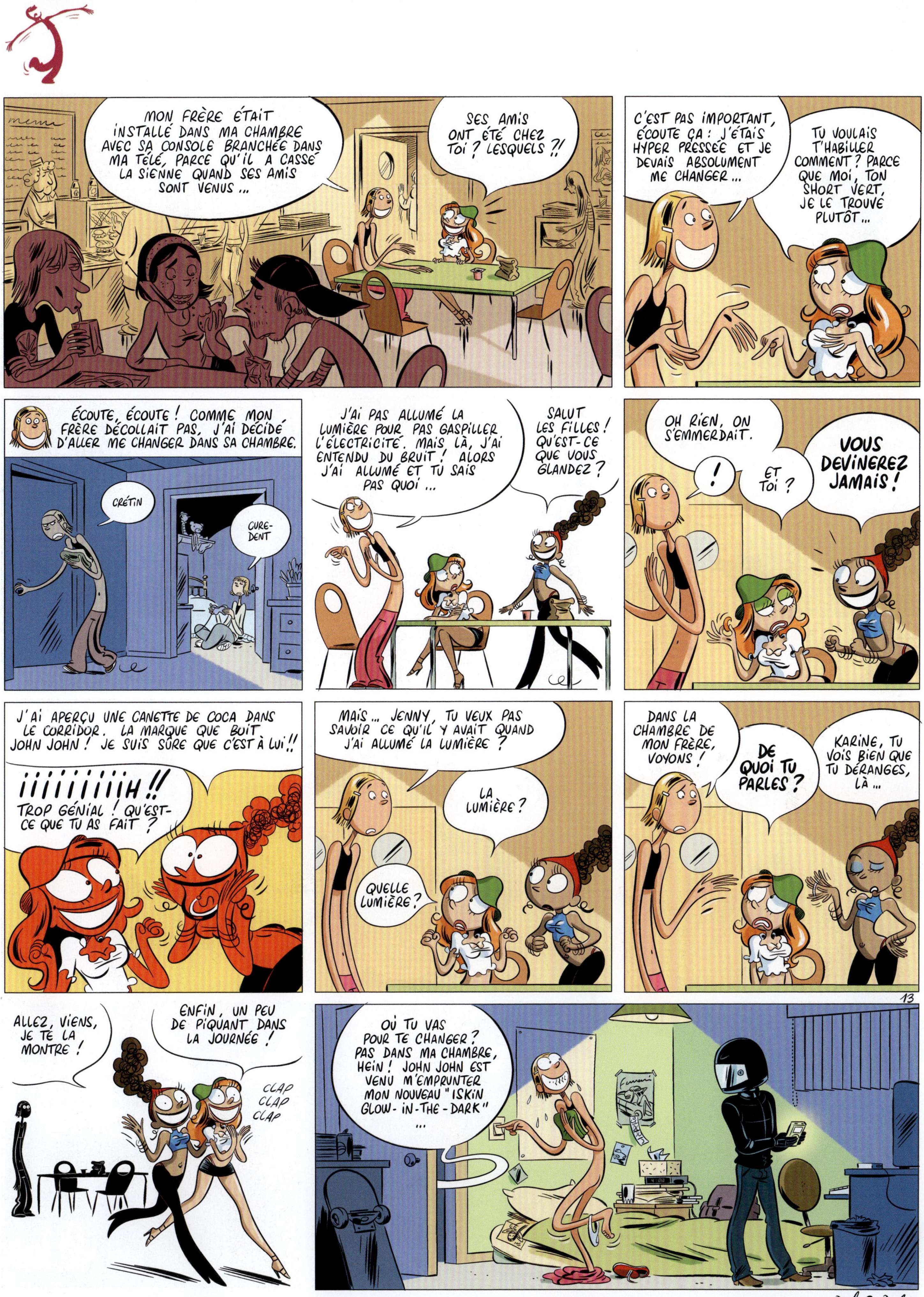
MON FRÈRE ÉTAIT INSTALLÉ DANS MA CHAMBRE AVEC SA CONSOLE BRANCHÉE DANS MA TÉLÉ, PARCE QU'IL A CASSÉ LA SIENNE QUAND SES AMIS SONT VENUS ...
SES AMIS ONT ÉTÉ CHEZ TOI ? LESQUELS ?!
C'EST PAS IMPORTANT, ÉCOUTE ÇA : J'ÉTAIS HYPER PRESSÉE ET JE DEVAIS ABSOLUMENT ME CHANGER ...
TU VOULAIS T'HABILLER COMMENT ? PARCE QUE MOI, TON SHORT VERT, JE LE TROUVE PLUTÔT ...
ÉCOUTE, ÉCOUTE ! COMME MON FRÈRE DÉCOLLAIT PAS, J'AI DÉCIDÉ D'ALLER ME CHANGER DANS SA CHAMBRE.
CRÉTIN
CURE-DENT
J'AI PAS ALLUMÉ LA LUMIÈRE POUR PAS GASPILLER L'ÉLECTRICITÉ. MAIS LÀ, J'AI ENTENDU DU BRUIT ! ALORS J'AI ALLUMÉ ET TU SAIS PAS QUOI ...
SALUT LES FILLES ! QU'EST-CE QUE VOUS GLANDEZ ?
OH RIEN, ON S'EMMERDAIT.
!
ET TOI ?
VOUS DEVINEREZ JAMAIS !
J'AI APERÇU UNE CANETTE DE COCA DANS LE CORRIDOR. LA MARQUE QUE BOIT JOHN JOHN ! JE SUIS SÛRE QUE C'EST À LUI !!
¡¡¡¡¡¡¡¡¡¡H !!
TROP GÉNIAL ! QU'EST-CE QUE TU AS FAIT ?
MAIS ... JENNY, TU VEUX PAS SAVOIR CE QU'IL Y AVAIT QUAND J'AI ALLUMÉ LA LUMIÈRE ?
LA LUMIÈRE ?
QUELLE LUMIÈRE ?
DANS LA CHAMBRE DE MON FRÈRE, VOYONS !
DE QUOI TU PARLES ?
KARINE, TU VOIS BIEN QUE TU DÉRANGES, LÀ ...
13
ALLEZ, VIENS, JE TE LA MONTRE !
ENFIN, UN PEU DE PIQUANT DANS LA JOURNÉE !
CLAP CLAP CLAP
OÙ TU VAS POUR TE CHANGER ? PAS DANS MA CHAMBRE, HEIN ! JOHN JOHN EST VENU M'EMPRUNTER MON NOUVEAU "ISKIN GLOW-IN-THE-DARK" ...
Delaf - Dubuc

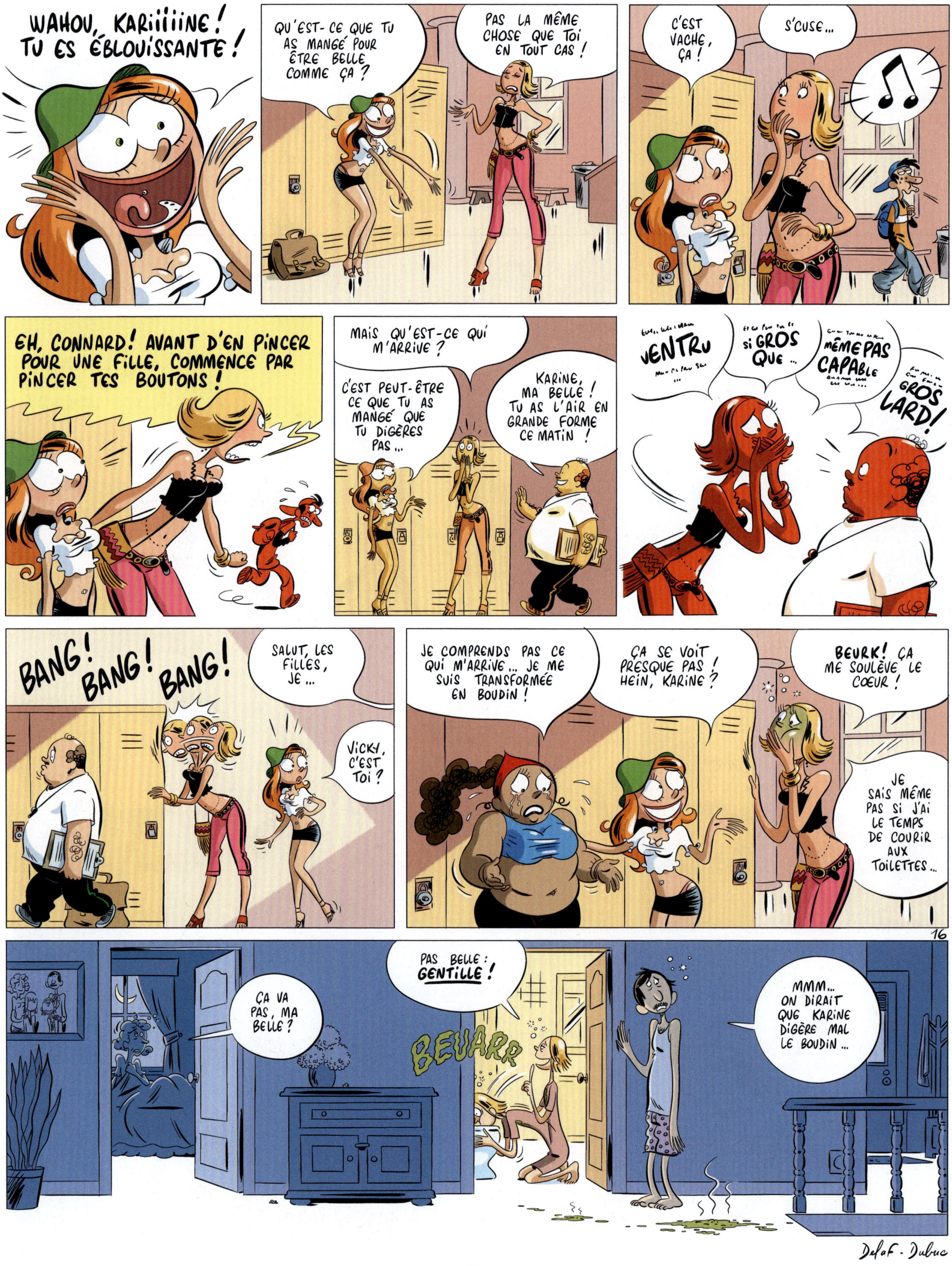
WAHOU, KARiiiiiNE ! TU ES ÉBLOUISSANTE !
QU'EST-CE QUE TU AS MANGÉ POUR ÊTRE BELLE COMME ÇA ?
PAS LA MÊME CHOSE QUE TOI EN TOUT CAS !
C'EST VACHE, ÇA !
S'CUSE...
EH, CONNARD ! AVANT D'EN PINCER POUR UNE FILLE, COMMENCE PAR PINCER TES BOUTONS !
MAIS QU'EST-CE QUI M'ARRIVE ?
C'EST PEUT-ÊTRE CE QUE TU AS MANGÉ QUE TU DIGÈRES PAS...
KARINE, MA BELLE ! TU AS L'AIR EN GRANDE FORME CE MATIN !
VENTRU
SI GROS QUE...
MÊME PAS CAPABLE
GROS LARD !
BANG ! BANG ! BANG !
SALUT, LES FILLES, JE...
VICKY, C'EST TOI ?
JE COMPRENDS PAS CE QUI M'ARRIVE... JE ME SUIS TRANSFORMÉE EN BOUDIN !
ÇA SE VOIT PRESQUE PAS ! HEIN, KARINE ?
BEURK ! ÇA ME SOULÈVE LE CŒUR !
JE SAIS MÊME PAS SI J'AI LE TEMPS DE COURIR AUX TOILETTES...
ÇA VA PAS, MA BELLE ?
PAS BELLE : GENTILLE !
BEUARR
MMM... ON DIRAIT QUE KARINE DIGÈRE MAL LE BOUDIN...
Delaf - Dubuc

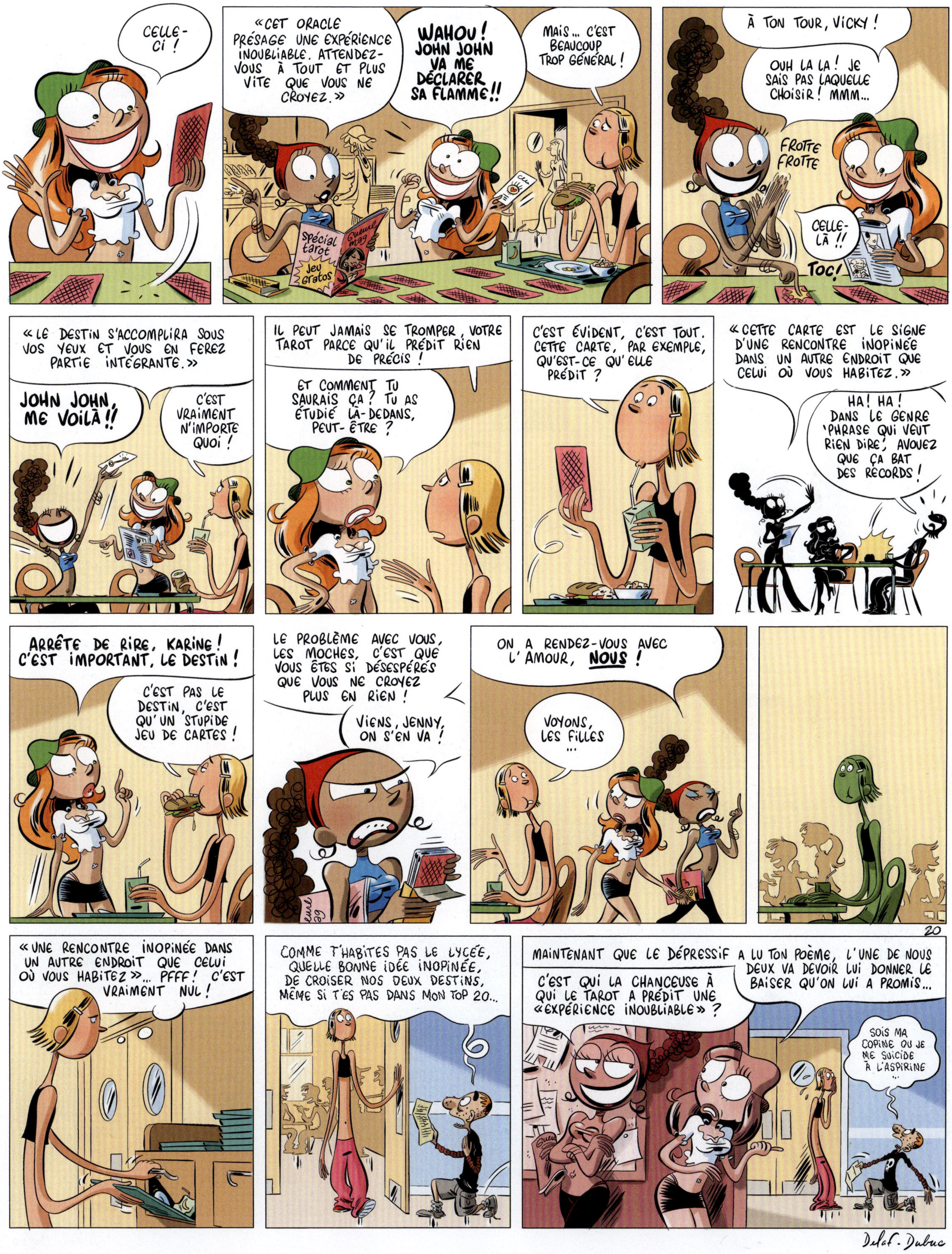
CELLE-CI !
« CET ORACLE PRÉSAGE UNE EXPÉRIENCE INOUBLIABLE. ATTENDEZ-VOUS À TOUT ET PLUS VITE QUE VOUS NE CROYEZ. »
WAHOU ! JOHN JOHN VA ME DÉCLARER SA FLAMME !!
MAIS... C'EST BEAUCOUP TROP GÉNÉRAL !
Spécial tarot
Jeu gratos
À TON TOUR, VICKY !
OUH LA LA ! JE SAIS PAS LAQUELLE CHOISIR ! MMM...
FROTTE FROTTE
CELLE-LÀ !!
TOC !
« LE DESTIN S'ACCOMPLIRA SOUS VOS YEUX ET VOUS EN FEREZ PARTIE INTÉGRANTE. »
JOHN JOHN, ME VOILÀ !!
C'EST VRAIMENT N'IMPORTE QUOI !
IL PEUT JAMAIS SE TROMPER, VOTRE TAROT PARCE QU'IL PRÉDIT RIEN DE PRÉCIS !
ET COMMENT TU SAURAIS ÇA ? TU AS ÉTUDIÉ LÀ-DEDANS, PEUT-ÊTRE ?
C'EST ÉVIDENT, C'EST TOUT. CETTE CARTE, PAR EXEMPLE, QU'EST-CE QU'ELLE PRÉDIT ?
« CETTE CARTE EST LE SIGNE D'UNE RENCONTRE INOPINÉE DANS UN AUTRE ENDROIT QUE CELUI OÙ VOUS HABITEZ. »
HA ! HA ! DANS LE GENRE 'PHRASE QUI VEUT RIEN DIRE', AVOUEZ QUE ÇA BAT DES RECORDS !
ARRÊTE DE RIRE, KARINE ! C'EST IMPORTANT, LE DESTIN !
C'EST PAS LE DESTIN, C'EST QU'UN STUPIDE JEU DE CARTES !
LE PROBLÈME AVEC VOUS, LES MOCHES, C'EST QUE VOUS ÊTES SI DÉSESPÉRÉS QUE VOUS NE CROYEZ PLUS EN RIEN !
VIENS, JENNY, ON S'EN VA !
ON A RENDEZ-VOUS AVEC L'AMOUR, NOUS !
VOYONS, LES FILLES ...
20
« UNE RENCONTRE INOPINÉE DANS UN AUTRE ENDROIT QUE CELUI OÙ VOUS HABITEZ »... PFFF ! C'EST VRAIMENT NUL !
COMME T'HABITES PAS LE LYCÉE, QUELLE BONNE IDÉE INOPINÉE, DE CROISER NOS DEUX DESTINS, MÊME SI T'ES PAS DANS MON TOP 20...
MAINTENANT QUE LE DÉPRESSIF A LU TON POÈME, L'UNE DE NOUS DEUX VA DEVOIR LUI DONNER LE BAISER QU'ON LUI A PROMIS...
C'EST QUI LA CHANCEUSE À QUI LE TAROT A PRÉDIT UNE « EXPÉRIENCE INOUBLIABLE » ?
SOIS MA COPINE OU JE ME SUICIDE À L'ASPIRINE ...
Delaf - Dubuc

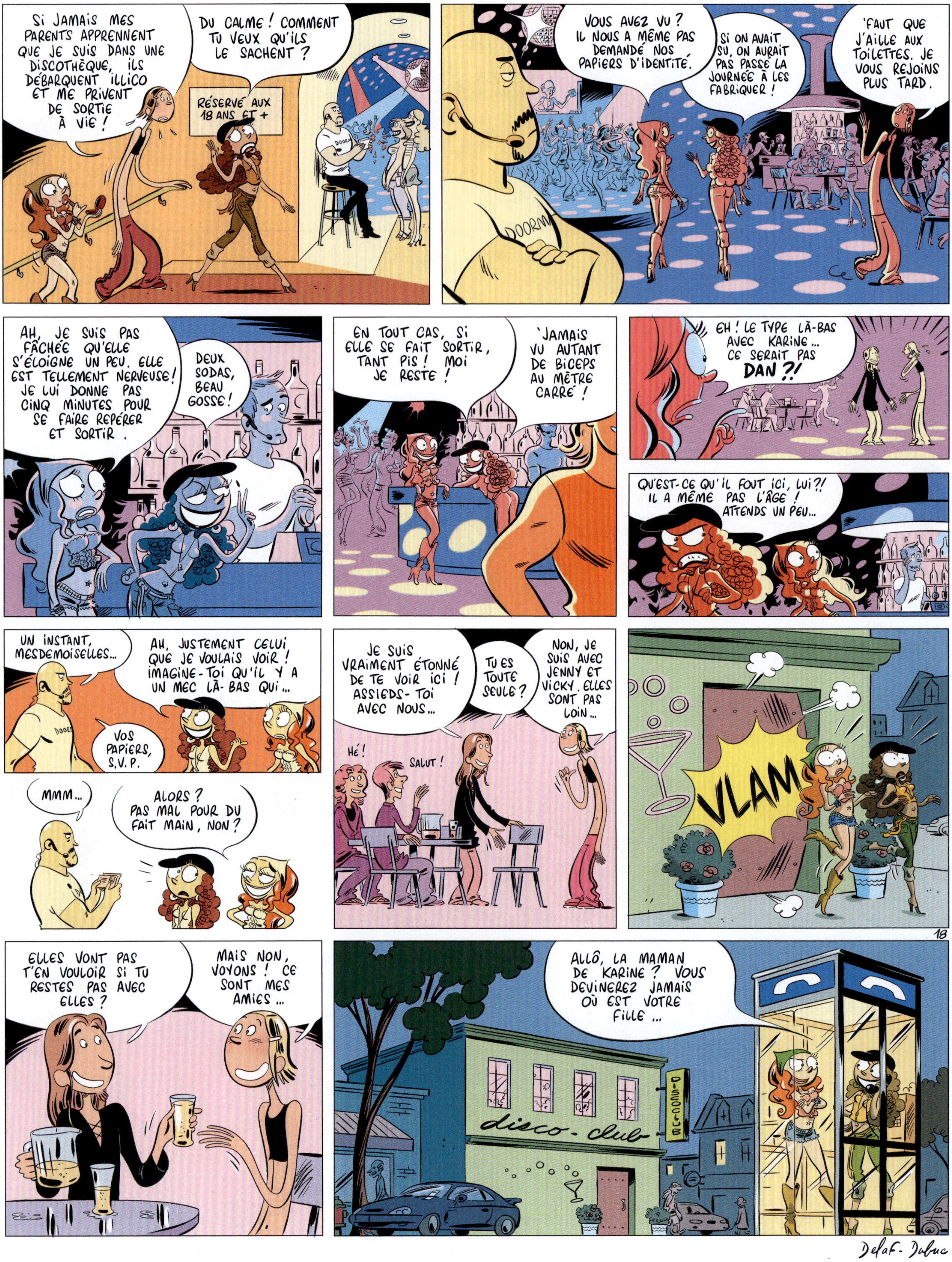

SI JAMAIS MES PARENTS APPRENNENT QUE JE SUIS DANS UNE DISCOTHÈQUE, ILS DÉBARQUENT ILLICO ET ME PRIVENT DE SORTIE À VIE !
DU CALME ! COMMENT TU VEUX QU'ILS LE SACHENT ?
RÉSERVÉ AUX 18 ANS ET +
VOUS AVEZ VU ? IL NOUS A MÊME PAS DEMANDÉ NOS PAPIERS D'IDENTITÉ.
SI ON AVAIT SU, ON AURAIT PAS PASSÉ LA JOURNÉE À LES FABRIQUER !
'FAUT QUE J'AILLE AUX TOILETTES. JE VOUS REJOINS PLUS TARD.
AH, JE SUIS PAS FÂCHÉE QU'ELLE S'ÉLOIGNE UN PEU. ELLE EST TELLEMENT NERVEUSE ! JE LUI DONNE PAS CINQ MINUTES POUR SE FAIRE REPÉRER ET SORTIR.
DEUX SODAS, BEAU GOSSE !
EN TOUT CAS, SI ELLE SE FAIT SORTIR, TANT PIS ! MOI JE RESTE !
'JAMAIS VU AUTANT DE BICEPS AU MÈTRE CARRÉ !
EH ! LE TYPE LÀ-BAS AVEC KARINE... CE SERAIT PAS DAN ?!
QU'EST-CE QU'IL FOUT ICI, LUI ?! IL A MÊME PAS L'ÂGE ! ATTENDS UN PEU...
UN INSTANT, MESDEMOISELLES...
AH, JUSTEMENT CELUI QUE JE VOULAIS VOIR ! IMAGINE-TOI QU'IL Y A UN MEC LÀ-BAS QUI...
VOS PAPIERS, S.V.P.
MMM...
ALORS ? PAS MAL POUR DU FAIT MAIN, NON ?
JE SUIS VRAIMENT ÉTONNÉ DE TE VOIR ICI ! ASSIEDS-TOI AVEC NOUS...
TU ES TOUTE SEULE ?
NON, JE SUIS AVEC JENNY ET VICKY. ELLES SONT PAS LOIN...
HÉ !
SALUT !
VLAM
18
ELLES VONT PAS T'EN VOULOIR SI TU RESTES PAS AVEC ELLES ?
MAIS NON, VOYONS ! CE SONT MES AMIES...
ALLÔ, LA MAMAN DE KARINE ? VOUS DEVINEREZ JAMAIS OÙ EST VOTRE FILLE...
disco-club
DISCO CLUB
Delaf-Dubuc

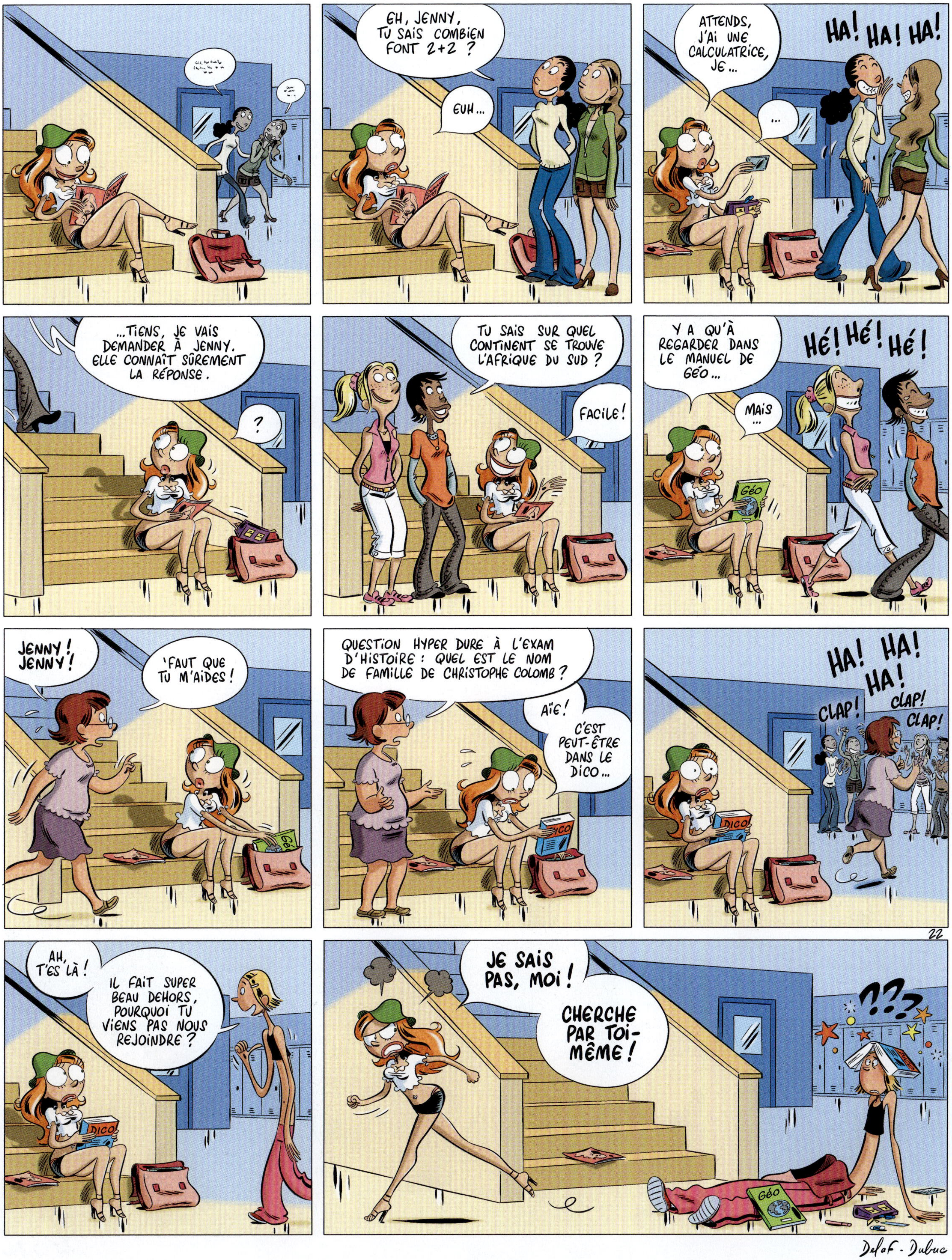
EH, JENNY, TU SAIS COMBIEN FONT 2+2 ?
EUH...
ATTENDS, J'AI UNE CALCULATRICE, JE...
HA! HA! HA!
...
...TIENS, JE VAIS DEMANDER À JENNY. ELLE CONNAÎT SÛREMENT LA RÉPONSE.
?
TU SAIS SUR QUEL CONTINENT SE TROUVE L'AFRIQUE DU SUD ?
FACILE!
Y A QU'À REGARDER DANS LE MANUEL DE GÉO...
HÉ! HÉ! HÉ!
MAIS...
GÉO
JENNY! JENNY!
'FAUT QUE TU M'AIDES!
QUESTION HYPER DURE À L'EXAM D'HISTOIRE : QUEL EST LE NOM DE FAMILLE DE CHRISTOPHE COLOMB ?
AÏE!
C'EST PEUT-ÊTRE DANS LE DICO...
DICO
HA! HA! HA!
CLAP! CLAP! CLAP!
22
AH, T'ES LÀ!
IL FAIT SUPER BEAU DEHORS, POURQUOI TU VIENS PAS NOUS REJOINDRE ?
JE SAIS PAS, MOI!
CHERCHE PAR TOI-MÊME!
GÉO
Delaf - Dubuc

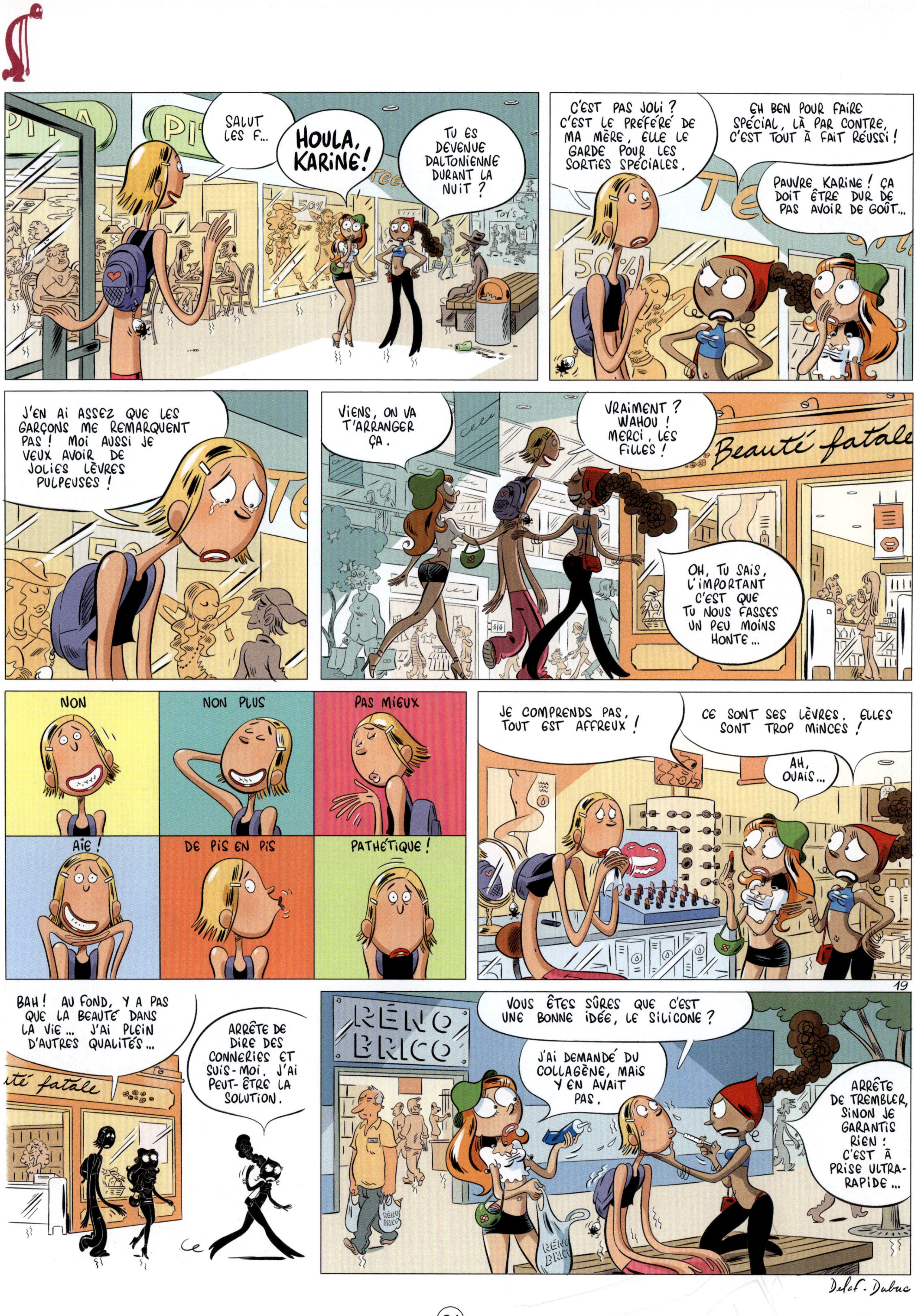
SALUT LES F...
HOULA, KARINE !
TU ES DEVENUE DALTONIENNE DURANT LA NUIT ?
C'EST PAS JOLI ? C'EST LE PRÉFÉRÉ DE MA MÈRE, ELLE LE GARDE POUR LES SORTIES SPÉCIALES.
EH BEN POUR FAIRE SPÉCIAL, LÀ PAR CONTRE, C'EST TOUT À FAIT RÉUSSI !
PAUVRE KARINE ! ÇA DOIT ÊTRE DUR DE PAS AVOIR DE GOÛT...
J'EN AI ASSEZ QUE LES GARÇONS ME REMARQUENT PAS ! MOI AUSSI JE VEUX AVOIR DE JOLIES LÈVRES PULPEUSES !
VIENS, ON VA T'ARRANGER ÇA.
VRAIMENT ? WAHOU ! MERCI, LES FILLES !
Beauté fatale
OH, TU SAIS, L'IMPORTANT C'EST QUE TU NOUS FASSES UN PEU MOINS HONTE...
NON
NON PLUS
PAS MIEUX
AÏE !
DE PIS EN PIS
PATHÉTIQUE !
JE COMPRENDS PAS, TOUT EST AFFREUX !
CE SONT SES LÈVRES. ELLES SONT TROP MINCES !
AH, OUAIS...
19
BAH ! AU FOND, Y A PAS QUE LA BEAUTÉ DANS LA VIE... J'AI PLEIN D'AUTRES QUALITÉS...
ARRÊTE DE DIRE DES CONNERIES ET SUIS-MOI. J'AI PEUT-ÊTRE LA SOLUTION.
RÉNO BRICO
VOUS ÊTES SÛRES QUE C'EST UNE BONNE IDÉE, LE SILICONE ?
J'AI DEMANDÉ DU COLLAGÈNE, MAIS Y EN AVAIT PAS.
ARRÊTE DE TREMBLER, SINON JE GARANTIS RIEN ! C'EST À PRISE ULTRA-RAPIDE...
Delaf - Dubuc

Y'A LE GARS LÀ-BAS QUI TE FAIT DIRE SALUT. IL DIT QU'IL TE CONNAÎT.
TOTALEMENT DÉPASSÉE, CETTE TECHNIQUE DE DRAGUE.
EN TOUT CAS, IL CONNAÎT TON NOM.
BAH, IL A DÛ VOUS ENTENDRE M'APPELER TOUT À L'HEURE, C'EST TOUT !
IL DIT QU'IL T'A CONNUE AU CAMP D'ANGLAIS.
PFF ! QUEL CAMP ?
MAIS OUI, TU M'AS DÉJÀ PARLÉ DE CES CAMPS D'IMMERSION OÙ TES PARENTS TE FORCENT À ALLER CHAQUE ANNÉE.
NON, TU DOIS CONFONDRE, JE LE CONNAIS PAS, CE GARS.
BOUBOULE ! EH, BOUBOULE !
LE REGARDEZ PAS, FAITES COMME S'IL EXISTAIT PAS.
CONTENT DE TE REVOIR, COMMENT TU VAS ?
ELLE DIT QU'ELLE TE CONNAÎT PAS.
BEN VOYONS, TU PEUX PAS M'AVOIR OUBLIÉ ! 'FAUT DIRE QU'ON T'EN A FAIT BAVER... C'EST NORMAL, T'ÉTAIS PETITE ET GROSSE, ET T'AVAIS UNE BOULE DE CHEVEUX PAS CROYABLE.
MAIS TU AS BEAUCOUP BEAUCOUP CHANGÉ ...
ÇA TE DÉRANGERAIT DE JUSTE MONTRER QU'ON SE CONNAÎT, PARCE QU'IL Y A MON COPAIN, LÀ, QUI CROIT PAS QUE...
ALLONS-NOUS-EN, LES FILLES. VISIBLEMENT, C'EST UN MANIAQUE. 'VAUT MIEUX PAS RESTER LÀ.
41
MAIS...
BOUBOULE...
? ? ? ?
HA ! HA ! TU ME DOIS DIX BALLES !
JE COMPRENDRAI JAMAIS RIEN AUX FILLES...
Delaf - Dubuc

POF!
?
TAP TAP TAP
Karine
Mon Journal
HÉ! HÉ!
Le dépressif semble bien m'aimer. Il est gentil, mais je suis pas sûre qu'il soit mon genre...
« ... alors j'ai dû faire le bouche-à-bouche au prof de piscine. Je voulais MOURIR ! »
HA! HA! HA!
« J'ai passé le week-end dans le frigo de la cafétéria. Mes parents ont mis les policiers à ma recherche... »
KMPRF
HOOON...
OUH LÀ LÀ !
DAN JE T'AIME
« Pour plaire aux garçons, 'paraît qu'il faut :
1- Serrer les fesses
2- Rentrer le ventre
3- Sortir les seins.
Pfff ! Ça marche pas, j'ai l'air d'un ver de terre ! »
HA! HA! HA! HA!
Vicky m'a foutu deux baffes et m'a piqué mon portable ! Ce n'est pas bien de penser ça, mais parfois, je me dis qu'elle
est une SALE PÉTASSE
23
SCRITCH SCRITCH
?
HÉ! HÉ!
DAN est une SALE PÉTASSE
Delaf - Dubuc

?
Inscriptions Soirée de Noël →
MA COLLECTION DE FIGURINES TARWARZ.
MOUAIS, BOF... ÇA SE REVEND PEUT-ÊTRE SUR E-BAY...
SUIVANT !
QU'EST-CE QUE VOUS FAITES ?
ON NOTE LES PROMESSES DES GARS QUI VEULENT NOUS INVITER À NOËL.
ON VA AU PLUS OFFRANT.
MON VÉLO DE MONTAGNE.
SUIVANT !
VOUS POUVEZ PAS FAIRE ÇA ! C'EST IMMORAL !
MAIS NON, VOYONS ! TOUT CE QUE LES GARS NOUS OFFRENT, ILS N'EN ONT PLUS BESOIN.
MATHIEU, PAR EXEMPLE : DEPUIS QU'IL M'A VUE, IL N'ARRIVE PLUS À SE CONCENTRER À L'ENTRAÎNEMENT. IL N'A DONC PLUS BESOIN DE SON ÉQUIPEMENT DE SKI ALPIN DE COMPÉTITION.
C'EST BIEN, VRAI ! HU ! HU !
ET VINCENT... QU'EST-CE QUE TU VEUX QU'IL FASSE AVEC UNE CHAÎNE EN OR AYANT APPARTENU À SA MÈRE, MORTE QUAND IL AVAIT 5 ANS ?
LES FILLES... ÇA Y EST !
?
J'AI ENFIN TROUVÉ LES BILLETS QUE VOUS M'AVIEZ DEMANDÉS !
QUOI ? IMPOSSIBLE ! CE SPECTACLE EST SOLD-OUT DEPUIS DES MOIS !
IL A RAISON ! ET CE SONT BEL ET BIEN DES BILLETS RANGÉE 'AA' !!!
MAIS ALORS... ÇA VEUT DIRE QU'ON VA ALLER VOIR LE BRAD BOY'S BAND !
ÎÎÎÎÎÎÎÎ ! JE FLIPPE DE LA MORT !
ALORS POUR NOËL CHEZ MOI, ÇA COMMENCE DÈS LE MATIN, MAIS VOUS POUVEZ ARRIVER VERS MIDI, ÇA IRA...
KRMPF
ELLE EST OÙ, LA FORMULE QUI PERMET DE DISPARAÎTRE ?
BIBLIOTH
FLIP FLIP FLIP
Nouveau Testament
HARRY POTTER
JÉSUS, SON TRUC, C'ÉTAIT PLUTÔT DE TRANSFORMER L'EAU EN VIN. ON FERAIT MIEUX DE CHERCHER LÀ-DEDANS...
Delaf - Dubuc

BOUHOUHOUHOUHOU...
LES FILLES!
C'EST JOHN JOHN, IL... IL...
IL QUOI ?
Grave accident de moto
MON DIEU NON! C'EST PAS POSSiiiiiiiiiiBLE...
JE L'AIMAIS TANT...
BOUHOUHOUHOUHOU
?
Le jeune motocycliste s'en tire de justesse : sa bécane a moins de chance.
21 A
JOHN JOHN EST PAS MORT! C'EST QUE SA MOTO!
ON LE SAIT BIEN ! INUTILE DE RETOURNER LE FER DANS LA PLAIE !
PAUVRE MOTO! ON AVAIT VÉCU TELLEMENT DE CHOSES ENSEMBLE!
BOUHOUHOU

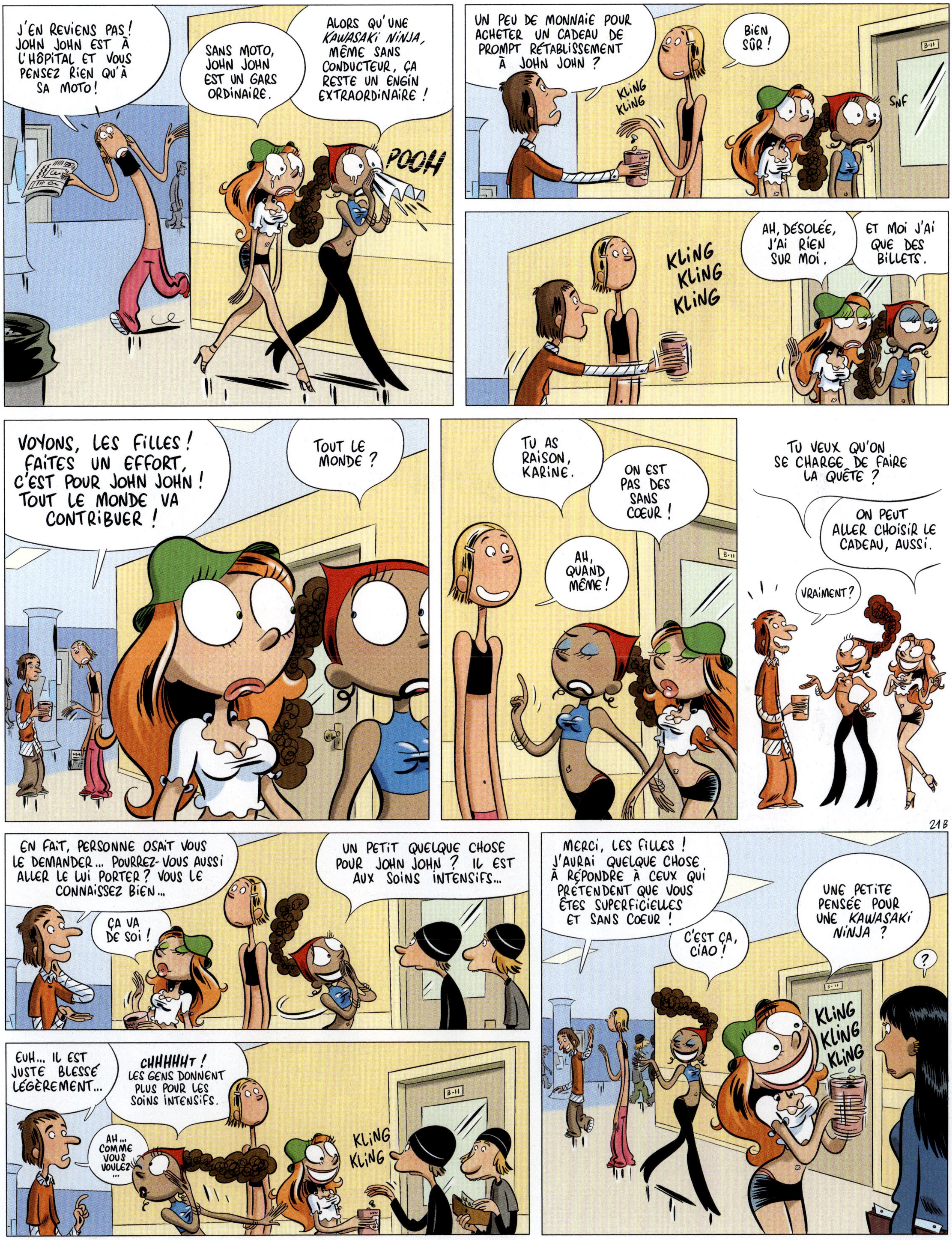
J'EN REVIENS PAS ! JOHN JOHN EST À L'HÔPITAL ET VOUS PENSEZ RIEN QU'À SA MOTO !
SANS MOTO, JOHN JOHN EST UN GARS ORDINAIRE.
ALORS QU'UNE KAWASAKI NINJA, MÊME SANS CONDUCTEUR, ÇA RESTE UN ENGIN EXTRAORDINAIRE !
POOH
UN PEU DE MONNAIE POUR ACHETER UN CADEAU DE PROMPT RÉTABLISSEMENT À JOHN JOHN ?
KLING KLING
BIEN SÛR !
SNF
KLING KLING KLING
AH, DÉSOLÉE, J'AI RIEN SUR MOI.
ET MOI J'AI QUE DES BILLETS.
VOYONS, LES FILLES ! FAITES UN EFFORT, C'EST POUR JOHN JOHN ! TOUT LE MONDE VA CONTRIBUER !
TOUT LE MONDE ?
TU AS RAISON, KARINE.
ON EST PAS DES SANS COEUR !
AH, QUAND MÊME !
TU VEUX QU'ON SE CHARGE DE FAIRE LA QUÊTE ?
ON PEUT ALLER CHOISIR LE CADEAU, AUSSI.
VRAIMENT ?
21 B
EN FAIT, PERSONNE OSAIT VOUS LE DEMANDER... POURREZ-VOUS AUSSI ALLER LE LUI PORTER ? VOUS LE CONNAISSEZ BIEN...
ÇA VA DE SOI !
UN PETIT QUELQUE CHOSE POUR JOHN JOHN ? IL EST AUX SOINS INTENSIFS...
EUH... IL EST JUSTE BLESSÉ LÉGÈREMENT...
CHHHHHT ! LES GENS DONNENT PLUS POUR LES SOINS INTENSIFS.
AH... COMME VOUS VOULEZ...
KLING KLING
MERCI, LES FILLES ! J'AURAI QUELQUE CHOSE À RÉPONDRE À CEUX QUI PRÉTENDENT QUE VOUS ÊTES SUPERFICIELLES ET SANS COEUR !
C'EST ÇA, CIAO !
UNE PETITE PENSÉE POUR UNE KAWASAKI NINJA ?
?
KLING KLING KLING

fleuriste
VOUS ÊTES SÛRES QUE CES FLEURS VONT PLAIRE À JOHN JOHN ?
C'EST PAS POUR LUI, C'EST POUR NOUS.
VOUS AVEZ PAS PAYÉ AVEC L'ARGENT DE LA QUÊTE, QUAND MÊME ?
ON AVAIT BIEN DROIT À UNE PETITE RÉCOMPENSE... ON A AMASSÉ UNE FORTUNE !
ET IL Y EN AVAIT BIEN ASSEZ POUR TROIS.
ET POUR JOHN JOHN, QU'EST-CE QUE VOUS AVEZ CHOISI ?
TA-DAM !
MAIS... C'EST RIDICULE !
C'EST L'INTENTION QUI COMPTE !
21 C
UNE CHANCE QUE C'EST VOUS QUI ALLEZ LE LUI OFFRIR. JE VOUDRAIS PAS ÊTRE À VOTRE PLACE !
HÔPITA
TOUTE L'ÉCOLE S'EST COTISÉE ...
Delaf - Dubuc

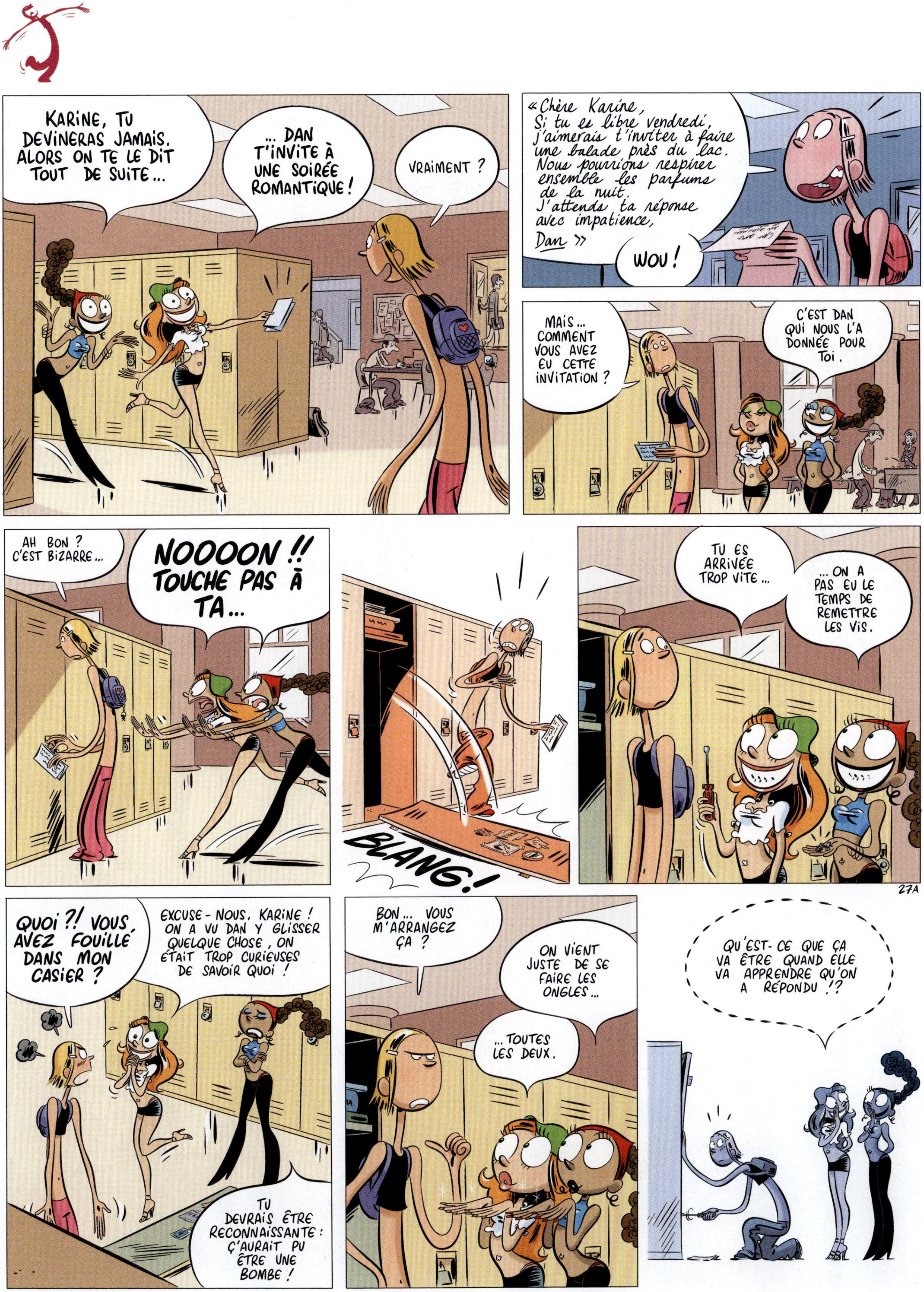
KARINE, TU DEVINERAS JAMAIS. ALORS ON TE LE DIT TOUT DE SUITE...
... DAN T'INVITE À UNE SOIRÉE ROMANTIQUE !
VRAIMENT ?
« Chère Karine, Si tu es libre vendredi, j'aimerais t'inviter à faire une balade près du lac. Nous pourrions respirer ensemble les parfums de la nuit. J'attends ta réponse avec impatience, Dan »
WOU !
MAIS... COMMENT VOUS AVEZ EU CETTE INVITATION ?
C'EST DAN QUI NOUS L'A DONNÉE POUR TOI.
AH BON ? C'EST BIZARRE...
NOOOON !! TOUCHE PAS À TA...
BLANG !
TU ES ARRIVÉE TROP VITE...
... ON A PAS EU LE TEMPS DE REMETTRE LES VIS.
27A
QUOI ?! VOUS AVEZ FOUILLÉ DANS MON CASIER ?
EXCUSE-NOUS, KARINE ! ON A VU DAN Y GLISSER QUELQUE CHOSE, ON ÉTAIT TROP CURIEUSES DE SAVOIR QUOI !
TU DEVRAIS ÊTRE RECONNAISSANTE : ÇA AURAIT PU ÊTRE UNE BOMBE !
BON... VOUS M'ARRANGEZ ÇA ?
ON VIENT JUSTE DE SE FAIRE LES ONGLES...
... TOUTES LES DEUX.
QU'EST-CE QUE ÇA VA ÊTRE QUAND ELLE VA APPRENDRE QU'ON A RÉPONDU !?

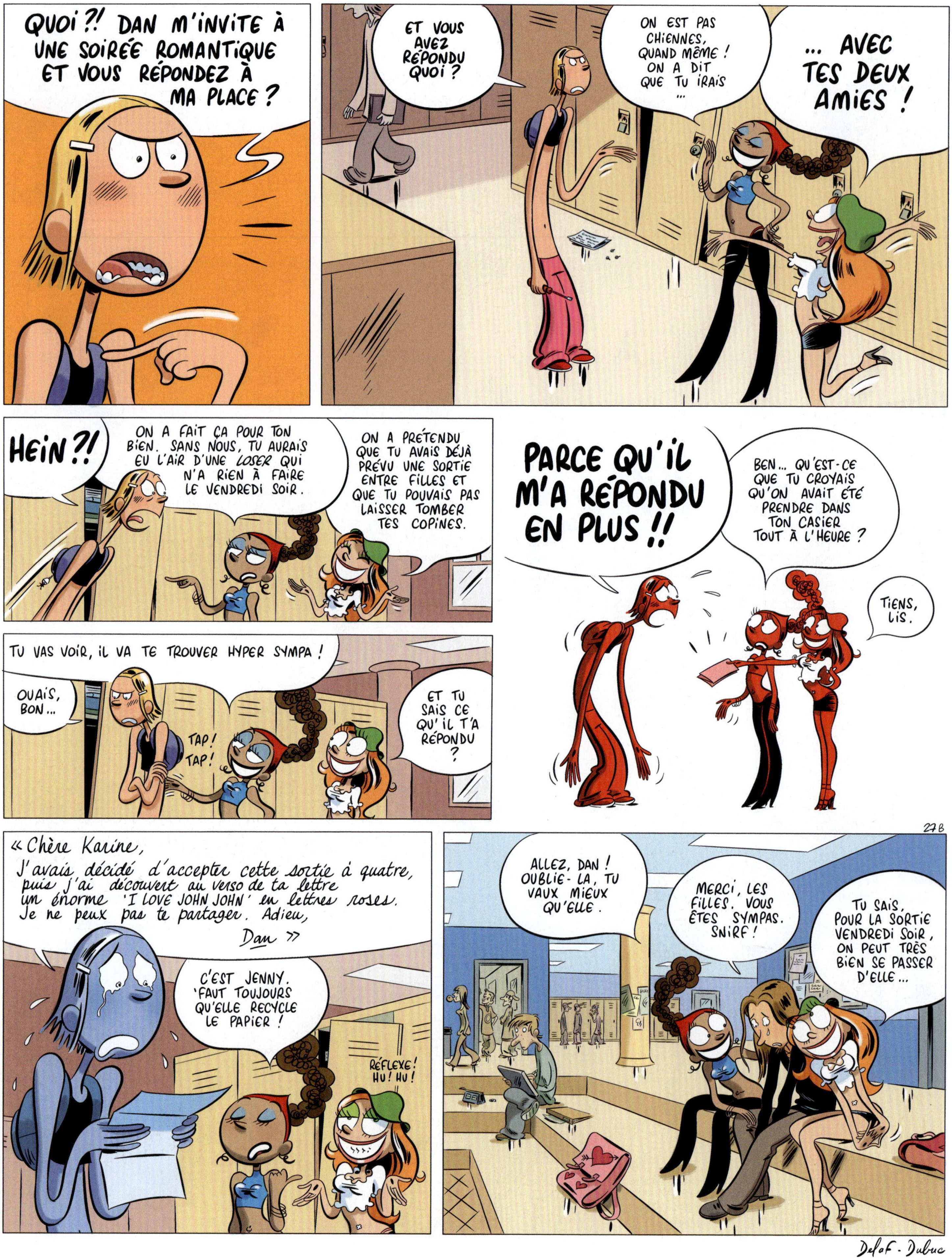
QUOI ?! DAN M'INVITE À UNE SOIRÉE ROMANTIQUE ET VOUS RÉPONDEZ À MA PLACE ?
ET VOUS AVEZ RÉPONDU QUOI ?
ON EST PAS CHIENNES, QUAND MÊME ! ON A DIT QUE TU IRAIS ...
... AVEC TES DEUX AMIES !
HEIN ?!
ON A FAIT ÇA POUR TON BIEN. SANS NOUS, TU AURAIS EU L'AIR D'UNE *LOSER* QUI N'A RIEN À FAIRE LE VENDREDI SOIR.
ON A PRÉTENDU QUE TU AVAIS DÉJÀ PRÉVU UNE SORTIE ENTRE FILLES ET QUE TU POUVAIS PAS LAISSER TOMBER TES COPINES.
TU VAS VOIR, IL VA TE TROUVER HYPER SYMPA !
OUAIS, BON...
TAP ! TAP !
ET TU SAIS CE QU'IL T'A RÉPONDU ?
PARCE QU'IL M'A RÉPONDU EN PLUS !!
BEN... QU'EST-CE QUE TU CROYAIS QU'ON AVAIT ÉTÉ PRENDRE DANS TON CASIER TOUT À L'HEURE ?
TIENS, LIS.
« Chère Karine,
J'avais décidé d'accepter cette sortie à quatre, puis j'ai découvert au verso de ta lettre un énorme 'I LOVE JOHN JOHN' en lettres roses. Je ne peux pas te partager. Adieu,
Dan »
C'EST JENNY. 'FAUT TOUJOURS QU'ELLE RECYCLE LE PAPIER !
RÉFLEXE ! HU ! HU !
27B
ALLEZ, DAN ! OUBLIE-LA, TU VAUX MIEUX QU'ELLE.
MERCI, LES FILLES. VOUS ÊTES SYMPAS. SNIRF !
TU SAIS, POUR LA SORTIE VENDREDI SOIR, ON PEUT TRÈS BIEN SE PASSER D'ELLE...
Delaf - Dubuc

AÏE !
QU'EST-CE QUE TU AS ?
MES NOUVELLES CHAUSSURES ME DONNENT DES AMPOULES.
QU'EST-CE QUE VOUS ATTENDEZ ? 'FAUT PAS RATER LE BUS, C'EST LE DERNIER.
ON PRÉFÈRE ATTENDRE JOHN JOHN. IL NOUS RAMÈNERA.
MAIS VOYONS... SA MOTO EST À LA CASSE !
IL PARAÎT QU'IL EN A UNE DE RECHANGE.
SALUT, LES FILLES ! JE VOUS RAMÈNE ?
PÊT ! PÊT !
RIDICULE ! TU PEUX MÊME PAS PRENDRE DE PASSAGER, LÀ-DESSUS !
MAIS OUI ! ON PEUT MONTER À DEUX. J'EN RAMÈNE UNE ET PUIS JE REVIENS CHERCHER L'AUTRE.
PÊT ! PÊT ! PÊT ! PÊT ! PÊT !
PFFFT ! DANS TES RÊVES, OUI !
PLUTÔT PRENDRE LE BUS !
MOI JE VEUX BIEN. ÇA M'ÉVITERA DE MARCHER JUSQU'À L'ARRÊT.
HEU... OK. MAIS ON PARTAGE L'ESSENCE.
CLAC
JOHN JOHN ARRIVE ! WAOUH !
PÊT ! PÊT ! PÊT ! PÊT ! PÊT ! PÊT !
QUEL MÂLE !
ARRÊTE TON MACHIN, ON ENTEND PAS SON MOTEUR !
PÊT ! PÊT ! PÊT ! P
SCOUIK ! SCOUIK ! SCOUIK ! SCOUIK ! SCOUIK !
ALORS, LES BICHES... PFFF... PFFF... ON SE BRONZE ? PFFF...
C'EST QUOI, ÇA ?!
ÇA N'A MÊME PAS DE MOTEUR !
C'EST NUL, COMMENT ON RENTRE, MAINTENANT ?
TU AS BIEN DIT QU'ON POUVAIT MONTER À DEUX, LÀ-DESSUS ?
OUI !
DESCENDS, KARINE, DESCENDS !
28
PÊT ! PÊT ! PÊT ! PÊT !
VRRRRR
AÏE ! ET LE DERNIER BUS QUI VIENT DE PASSER !
ALLEZ, MONTE, TU FAIS TROP PITIÉ.
T'ES VRAIMENT UN GARS SYMPA !
JE SAIS.
SCOUIK ! SCOUIK ! SCOUIK ! SCOUIK !
PFF PFF
Delaf - Dubuc

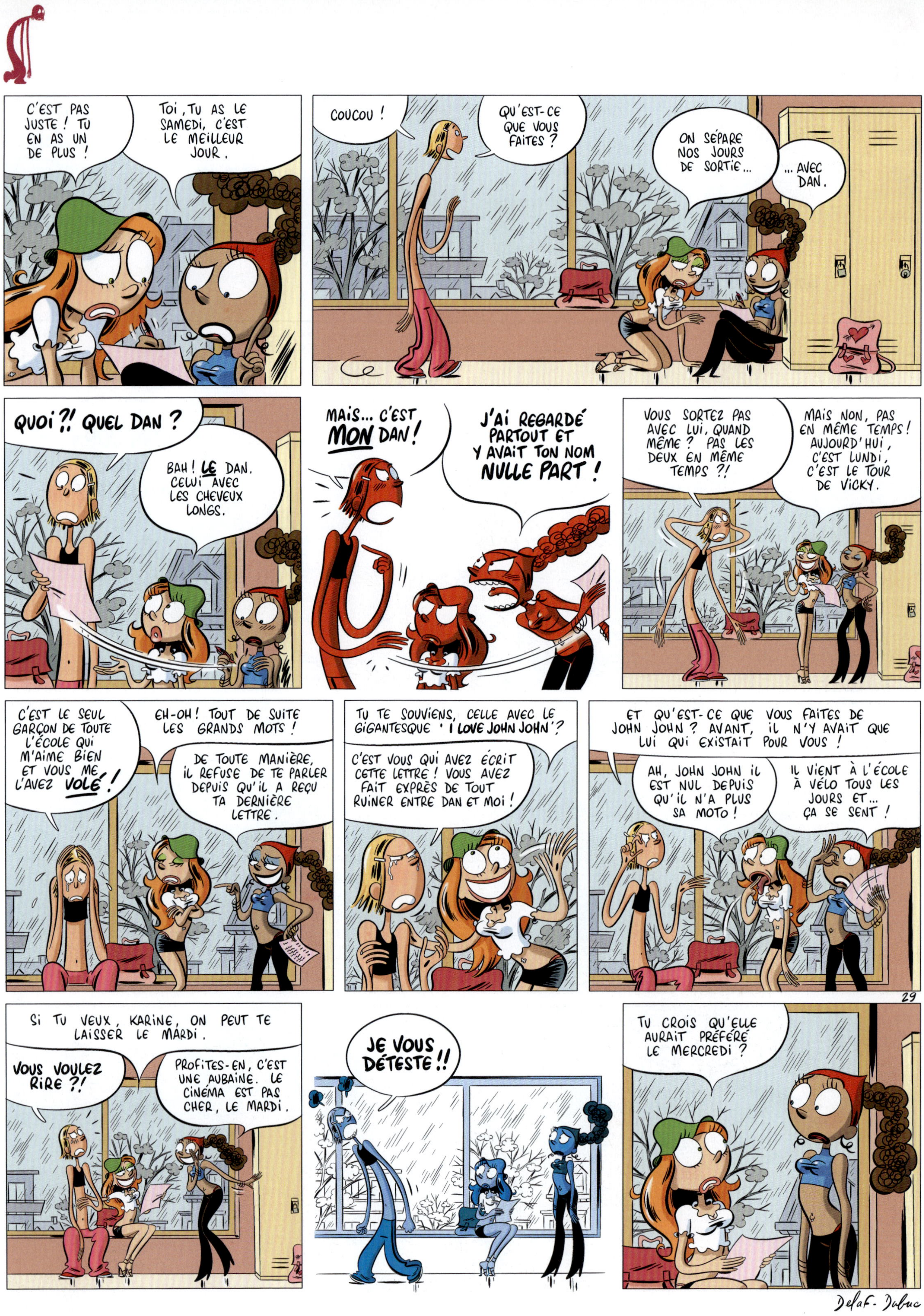

C'EST PAS JUSTE ! TU EN AS UN DE PLUS !
TOI, TU AS LE SAMEDI, C'EST LE MEILLEUR JOUR.
COUCOU !
QU'EST-CE QUE VOUS FAITES ?
ON SÉPARE NOS JOURS DE SORTIE...
... AVEC DAN.
QUOI ?! QUEL DAN ?
BAH ! LE DAN. CELUI AVEC LES CHEVEUX LONGS.
MAIS... C'EST MON DAN !
J'AI REGARDÉ PARTOUT ET Y AVAIT TON NOM NULLE PART !
VOUS SORTEZ PAS AVEC LUI, QUAND MÊME ? PAS LES DEUX EN MÊME TEMPS ?!
MAIS NON, PAS EN MÊME TEMPS ! AUJOURD'HUI, C'EST LUNDI, C'EST LE TOUR DE VICKY.
C'EST LE SEUL GARÇON DE TOUTE L'ÉCOLE QUI M'AIME BIEN ET VOUS ME L'AVEZ VOLÉ !
EH-OH ! TOUT DE SUITE LES GRANDS MOTS !
DE TOUTE MANIÈRE, IL REFUSE DE TE PARLER DEPUIS QU'IL A REÇU TA DERNIÈRE LETTRE.
TU TE SOUVIENS, CELLE AVEC LE GIGANTESQUE ' I LOVE JOHN JOHN ' ?
C'EST VOUS QUI AVEZ ÉCRIT CETTE LETTRE ! VOUS AVEZ FAIT EXPRÈS DE TOUT RUINER ENTRE DAN ET MOI !
ET QU'EST-CE QUE VOUS FAITES DE JOHN JOHN ? AVANT, IL N'Y AVAIT QUE LUI QUI EXISTAIT POUR VOUS !
AH, JOHN JOHN IL EST NUL DEPUIS QU'IL N'A PLUS SA MOTO !
IL VIENT À L'ÉCOLE À VÉLO TOUS LES JOURS ET... ÇA SE SENT !
29
SI TU VEUX, KARINE, ON PEUT TE LAISSER LE MARDI.
VOUS VOULEZ RIRE ?!
PROFITES-EN, C'EST UNE AUBAINE. LE CINÉMA EST PAS CHER, LE MARDI.
JE VOUS DÉTESTE !!
TU CROIS QU'ELLE AURAIT PRÉFÉRÉ LE MERCREDI ?
Delaf - Dubuc

ALORS, ELLE ARRIVE ?
ELLE VIENDRA PAS.
ELLE DIT QU'ELLE NE NOUS FRÉQUENTERA PLUS. QU'ON NE LA RESPECTE PAS.
ON AURA TOUT ENTENDU !
DE TOUTE MANIÈRE, ON N'A PAS BESOIN D'ELLE.
C'EST VRAI !
DÉBARRASSÉES DE CETTE GRANDE NOUILLE QUI NOUS SUIVAIT PARTOUT !
OUI !
TOUJOURS À NOUS DIRE CE QU'IL FAUT FAIRE OU PAS, À NOUS REPROCHER D'AVOIR DIT TEL TRUC À TELLE PERSONNE...
ET PATATI ET PATATA
TU AS RAISON !
J'EN AVAIS ASSEZ DE TOUTE FAÇON.
MOI AUSSI.
Gueurl mag
C'EST ELLE LA PIRE : COMMENT ELLE VA FAIRE POUR RENCONTRER DES BEAUX GARS, MAINTENANT ?
JE SAIS PAS...
...PEUT-ÊTRE QU'ELLE VA JUSTE CONTINUER À JOUER AU BASKET AVEC SA BANDE DE GRANDS SPORTIFS MUSCLÉS.
30
OUH-OUH, KARINE !! OUH-OUH ! TU PEUX REDEVENIR NOTRE AMIE, ON TE PARDONNE TOUT !
32
Delaf - Dubuc

KARINE !
OUH-OUH !
BONK
QU'EST-CE QUE VOUS ME VOULEZ ?
TU POURRAIS NOUS PRÉSENTER ?
NON.
C'EST PAS BIEN, ÇA. IL FAUT PARTAGER DANS LA VIE...
VOUS M'AVEZ DÉJÀ PRIS DAN, ÇA VOUS SUFFIT PAS ?
ÇA VA, ÇA VA... SI TU LE PRENDS SUR CE TON, RETOURNE DONC JOUER AVEC TON STUPIDE BALLON !
PITOYABLE !
ÇA VA, KARINE ?
QU'EST-CE QU'ELLES T'ONT DIT POUR TE METTRE DANS CET ÉTAT ?
OUAIS, QU'EST-CE QU'ELLES TE VOULAIENT ?
À MOI, RIEN.
C'EST VOUS QU'ELLES VOULAIENT DRAGUER.
31
SALUT, MOI C'EST STEVE.
ALEX.
ÉRIC.
JOE.
SÉBAS !
TU PEUX M'APPELER GONZO.
Aurélie
Delaf - Dubuc

ÇA VOUS DÉRANGE SI JE M'ASSOIS AVEC VOUS ?
NON, PAS DU TOUT ! INSTALLE-TOI !
MERCI ! VOUS ÊTES GENTILLES.
J'TE JURE, JE L'AURAIS ÉTRIPÉE !
C'EST RIEN QU'UNE CONNE ! JE LA DÉTESTE !
VOUS AVEZ VU CE QU'ELLE PORTAIT L'AUTRE JOUR ? DU VERT ET DU MAUVE !
YEURK !!!
DE QUI VOUS PARLEZ ?
DE LA NOUVELLE, ELLE EST NUUUUUUUUULLE !
AH BON, Y A UNE NOUVELLE ?
ELLE EST OÙ ?
PAS DIFFICILE, LÀ OÙ IL RESTE DE LA PLACE.
COMMENT ELLE S'APPELLE ? D'OÙ ELLE VIENT ?
ON EN SAIT RIEN ET ON EN A RIEN À FOUTRE !
QU'EST-CE QUI VOUS ÉNERVE D'ELLE, ALORS ?
TOUT ! ELLE EST NUUUUUUULLE, ON TE DIT !
CONTRAIREMENT À TOI, KARINE. TOI T'ES SUPER !
33
GROSSE
NAZE
MOCHE
CONNE
ET LAIDE !
BON, EUH...
FAUT QUE J'Y AILLE.
À PLUS TARD, PEUT-ÊTRE ...
ELLE EST SOTTE, CETTE FILLE !
UNE GRANDE ÉCHALOTE TOUTE RAMOLLIE.
VOUS AVEZ VU SON PANTALON ?
KMPRF !
Delaf - Dubuc

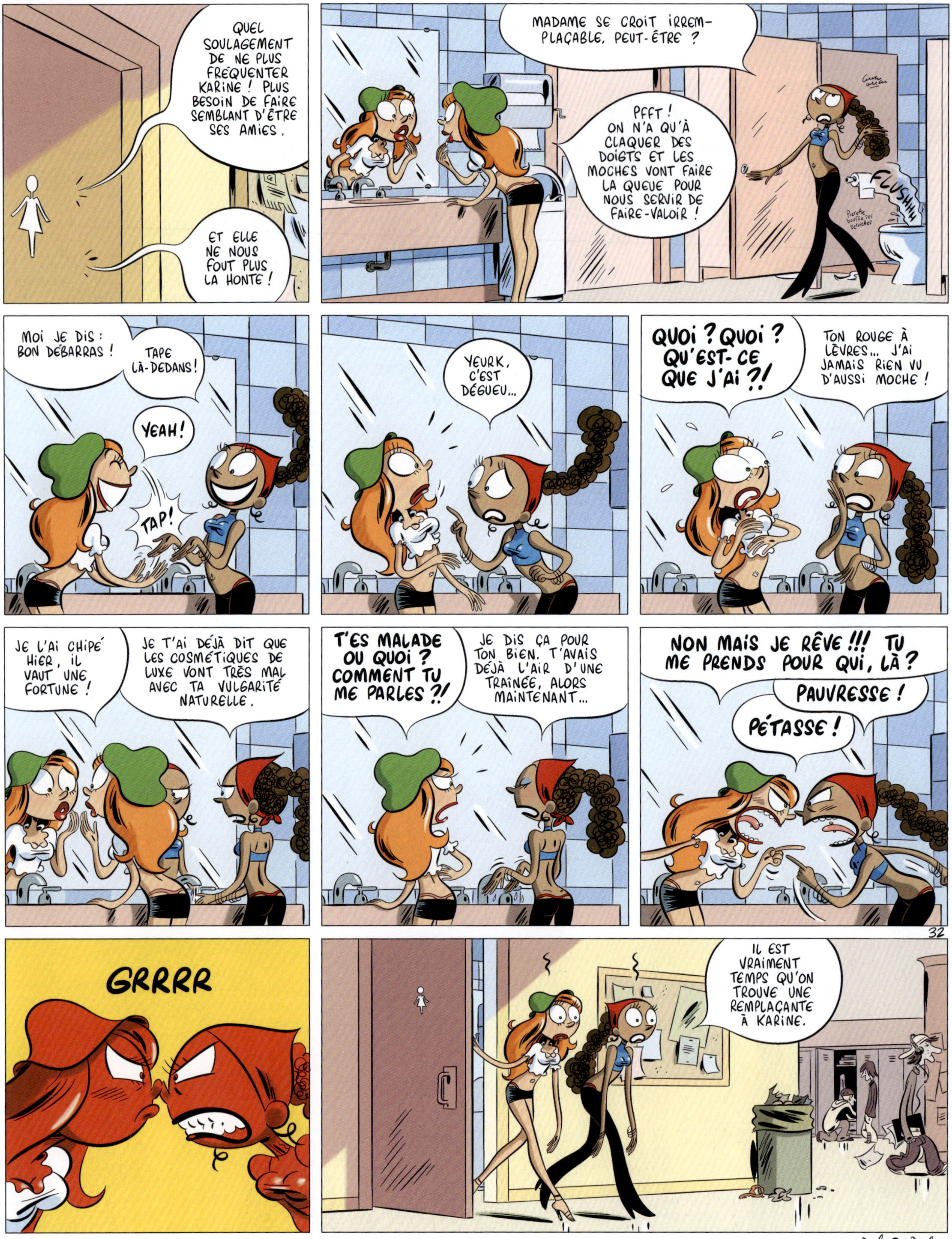
QUEL SOULAGEMENT DE NE PLUS FRÉQUENTER KARINE ! PLUS BESOIN DE FAIRE SEMBLANT D'ÊTRE SES AMIES.
ET ELLE NE NOUS FOUT PLUS LA HONTE !
MADAME SE CROIT IRREMPLAÇABLE, PEUT-ÊTRE ?
PFFT ! ON N'A QU'À CLAQUER DES DOIGTS ET LES MOCHES VONT FAIRE LA QUEUE POUR NOUS SERVIR DE FAIRE-VALOIR !
FLUSHHH
MOI JE DIS : BON DÉBARRAS !
TAPE LÀ-DEDANS !
YEAH !
TAP !
YEURK, C'EST DÉGUEU...
QUOI ? QUOI ? QU'EST-CE QUE J'AI ?!
TON ROUGE À LÈVRES... J'AI JAMAIS RIEN VU D'AUSSI MOCHE !
JE L'AI CHIPÉ HIER, IL VAUT UNE FORTUNE !
JE T'AI DÉJÀ DIT QUE LES COSMÉTIQUES DE LUXE VONT TRÈS MAL AVEC TA VULGARITÉ NATURELLE.
T'ES MALADE OU QUOI ? COMMENT TU ME PARLES ?!
JE DIS ÇA POUR TON BIEN. T'AVAIS DÉJÀ L'AIR D'UNE TRAÎNÉE, ALORS MAINTENANT...
NON MAIS JE RÊVE !!! TU ME PRENDS POUR QUI, LÀ ?
PAUVRESSE !
PÉTASSE !
32
GRRRR
IL EST VRAIMENT TEMPS QU'ON TROUVE UNE REMPLAÇANTE À KARINE.

Delaf - Dubuc

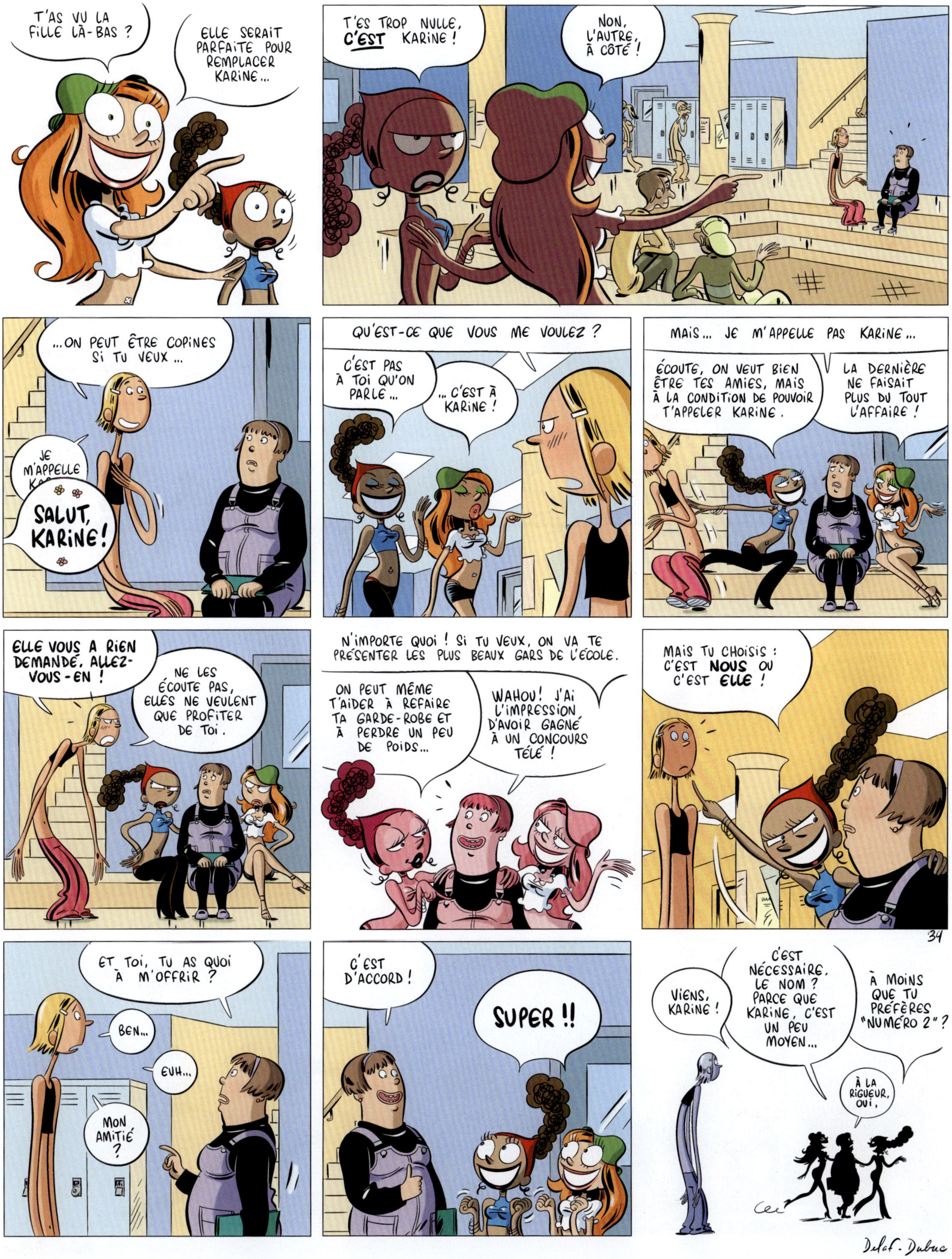

T'AS VU LA FILLE LÀ-BAS ?
ELLE SERAIT PARFAITE POUR REMPLACER KARINE...
T'ES TROP NULLE, C'EST KARINE !
NON, L'AUTRE, À CÔTÉ !
...ON PEUT ÊTRE COPINES SI TU VEUX...
JE M'APPELLE
SALUT, KARINE !
QU'EST-CE QUE VOUS ME VOULEZ ?
C'EST PAS À TOI QU'ON PARLE...
... C'EST À KARINE !
MAIS... JE M'APPELLE PAS KARINE...
ÉCOUTE, ON VEUT BIEN ÊTRE TES AMIES, MAIS À LA CONDITION DE POUVOIR T'APPELER KARINE.
LA DERNIÈRE NE FAISAIT PLUS DU TOUT L'AFFAIRE !
ELLE VOUS A RIEN DEMANDÉ, ALLEZ-VOUS-EN !
NE LES ÉCOUTE PAS, ELLES NE VEULENT QUE PROFITER DE TOI.
N'IMPORTE QUOI ! SI TU VEUX, ON VA TE PRÉSENTER LES PLUS BEAUX GARS DE L'ÉCOLE.
ON PEUT MÊME T'AIDER À REFAIRE TA GARDE-ROBE ET À PERDRE UN PEU DE POIDS...
WAHOU ! J'AI L'IMPRESSION D'AVOIR GAGNÉ À UN CONCOURS TÉLÉ !
MAIS TU CHOISIS : C'EST NOUS OU C'EST ELLE !
34
ET TOI, TU AS QUOI À M'OFFRIR ?
BEN...
EUH...
MON AMITIÉ ?
C'EST D'ACCORD !
SUPER !!
VIENS, KARINE !
C'EST NÉCESSAIRE, LE NOM ? PARCE QUE KARINE, C'EST UN PEU MOYEN...
À MOINS QUE TU PRÉFÈRES "NUMÉRO 2" ?
À LA RIGUEUR, OUI.
Delaf - Dubuc

DAIRY KING
OÙ ELLE NOUS EMMÈNE, ENCORE ?
JE SAIS PAS... ELLE DIT QU'ELLE A FAIM.
NORMAL : ELLE EST AU RÉGIME !
VOUS ALLEZ VOIR, ILS FONT LES MEILLEURS BANANA SPLITS DE LA VILLE !
HOULÀ ! TU RECONNAIS LE VENDEUR ?
OUI, C'EST MONSIEUR MOCHETÉ !
NON ! PAS ELLES !
REGARDE-MOI FAIRE...
EH, T'AS VU LE VENDEUR ? JE CROIS QU'IL T'A DANS L'OEIL !
LUI ? PEUT-ÊTRE, MAIS JE M'EN FOUS, IL EST MOCHE !
TU DEVRAIS PAS. MOI JE LE TROUVE PLUTÔT MIGNON.
VRAIMENT ? DEPUIS LE DÉBUT DE L'ÉTÉ QU'IL ME DRAGUE.
CHANCEUSE !
TU DOIS ÊTRE UNE SACRÉE SÉDUCTRICE !
VOUS CROYEZ ? C'EST VRAI QUE JE SAIS M'Y PRENDRE AVEC LES GARÇONS...
GLPS
ET SI TU ALLAIS LUI DEMANDER DE NOUS PRÉPARER UN PETIT QUELQUE CHOSE DE SPÉCIAL ?
OUI, ET APRÈS, TU SORS SANS PAYER ! S'IL CRAQUE POUR TOI, IL DIRA RIEN.
POURQUOI PAS ? JE VAIS ESSAYER.
ELLE VA RESSORTIR AVEC UN CORNET SUR LA TÊTE !
ET MONSIEUR MOCHETÉ AVEC UN COUP DE PIED AU CUL !
C'EST PAS AVEC KARINE QU'ON S'AMUSAIT AUTANT !
ÇA, C'EST VRAI !
HA! HA!
HO! HO!
ET QUATRE BANANA SPLITS QUATRE ! CADEAU DE LA MAISON !
35
POURQUOI QUATRE ?
J'AI INVITÉ LE VENDEUR À PRENDRE SA PAUSE AVEC NOUS : C'EST LE MOMENT DE TENTER VOTRE CHANCE !
JE SAVAIS PAS QUE VOUS ME TROUVIEZ MIGNON...
TU CROIS QUE KARINE NOUS EN VEUT ENCORE ?
Delaf - Dubuc

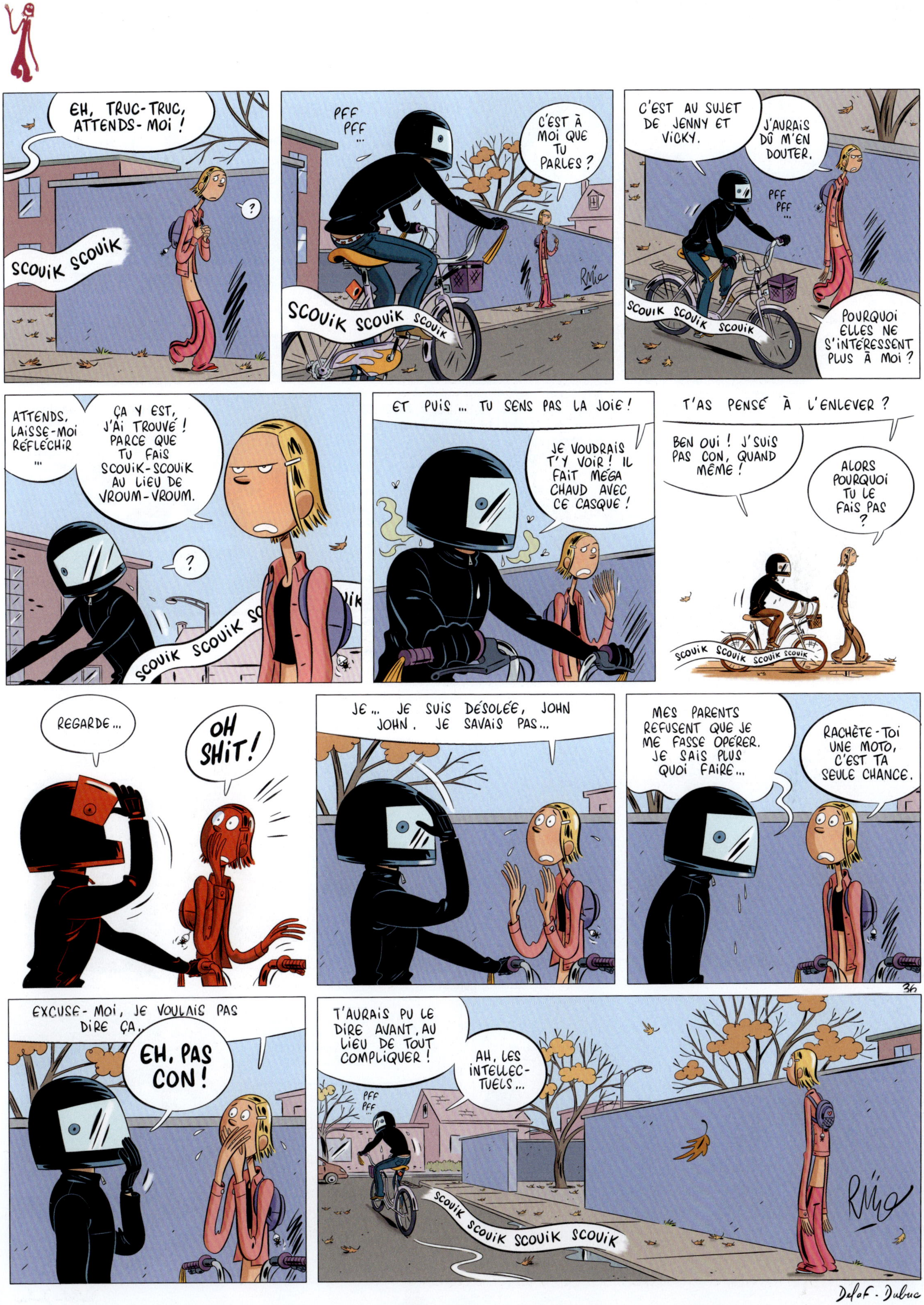
EH, TRUC-TRUC, ATTENDS-MOI !
SCOUIK SCOUIK
?
PFF PFF ...
C'EST À MOI QUE TU PARLES ?
SCOUIK SCOUIK SCOUIK
C'EST AU SUJET DE JENNY ET VICKY.
J'AURAIS DÛ M'EN DOUTER.
PFF PFF ...
SCOUIK SCOUIK SCOUIK
POURQUOI ELLES NE S'INTÉRESSENT PLUS À MOI ?
ATTENDS, LAISSE-MOI RÉFLÉCHIR ...
ÇA Y EST, J'AI TROUVÉ ! PARCE QUE TU FAIS SCOUIK-SCOUIK AU LIEU DE VROUM-VROUM.
?
SCOUIK SCOUIK
ET PUIS ... TU SENS PAS LA JOIE !
JE VOUDRAIS T'Y VOIR ! IL FAIT MÉGA CHAUD AVEC CE CASQUE !
T'AS PENSÉ À L'ENLEVER ?
BEN OUI ! J'SUIS PAS CON, QUAND MÊME !
ALORS POURQUOI TU LE FAIS PAS ?
SCOUIK SCOUIK SCOUIK SCOUIK
REGARDE...
OH SHIT !
JE... JE SUIS DÉSOLÉE, JOHN JOHN. JE SAVAIS PAS...
MES PARENTS REFUSENT QUE JE ME FASSE OPÉRER. JE SAIS PLUS QUOI FAIRE...
RACHÈTE-TOI UNE MOTO, C'EST TA SEULE CHANCE.
EXCUSE-MOI, JE VOULAIS PAS DIRE ÇA...
EH, PAS CON !
T'AURAIS PU LE DIRE AVANT, AU LIEU DE TOUT COMPLIQUER !
AH, LES INTELLEC-TUELS...
PFF PFF ...
SCOUIK SCOUIK SCOUIK SCOUIK
Delaf - Dubuc

Hi ! Hi !
Quoi ?
TU TE RAPPELLES QUAND ON A VOULU GONFLER LES LÈVRES DE KARINE AVEC DU SILICONE ? C'EST RESTÉ MAUVE DURANT DES SEMAINES !
ÇA FAIT UN PEU MAL QUAND MÊME ...
C'EST VRAI, YEURK !
ET NOTRE VIRÉE À LA DISCOTHÈQUE, TU T'EN SOUVIENS ? CINQ MINUTES APRÈS L'AVOIR DÉNONCÉE, SES PARENTS AVAIENT DÉJÀ ENVAHI L'ÉTABLISSEMENT !
JE SUIS TELLEMENT DÉÇU !
JAMAIS PLUS ON NE POURRA TE FAIRE CONFIANCE !
MAIS QUI VOUS L'A DIT ?
BI-BIP !
DISCOCLUB
HA ! HA ! HA !
ET AUSSI LA FOIS OÙ TU L'AS CONFONDUE AVEC L'AFFREUSE PÉTASSE DU MAÎTRE NAGEUR !
HA ! HA ! HA ! HA !
... ON A FAILLI LA NOYER !
C'EST BON, ARRÊTE DE SIMULER !
PISSANT ! HA ! HA !
HOOOON, PAUVRE KARINE ! DIRE QU'ON LUI A MÊME VOLÉ SON DAN !
OUAIS, ELLE N'A EU AUCUNE CHANCE ! LA COMPÉTITION ÉTAIT TROP FORTE !
TU PENSES QU'ON LUI DOIT DES EXCUSES ?
MAIS NON !
...
BON, C'EST VRAI QU'ON A ÉTÉ UN TOUT PETIT PEU VACHES...
LA PROCHAINE FOIS QU'ON LA VOIT, ON LUI DIRA QU'ON EST DÉSOLÉES DE LUI AVOIR VOLÉ SON DAN CHÉRI.
D'ACCORD.
Gueurl mag
37
EN ATTENDANT, VÉRIFIE LAQUELLE DE NOUS DEUX IL RACCOMPAGNE CE SOIR ...
OUAIS, O.K. ...
Delaf - Dubuc

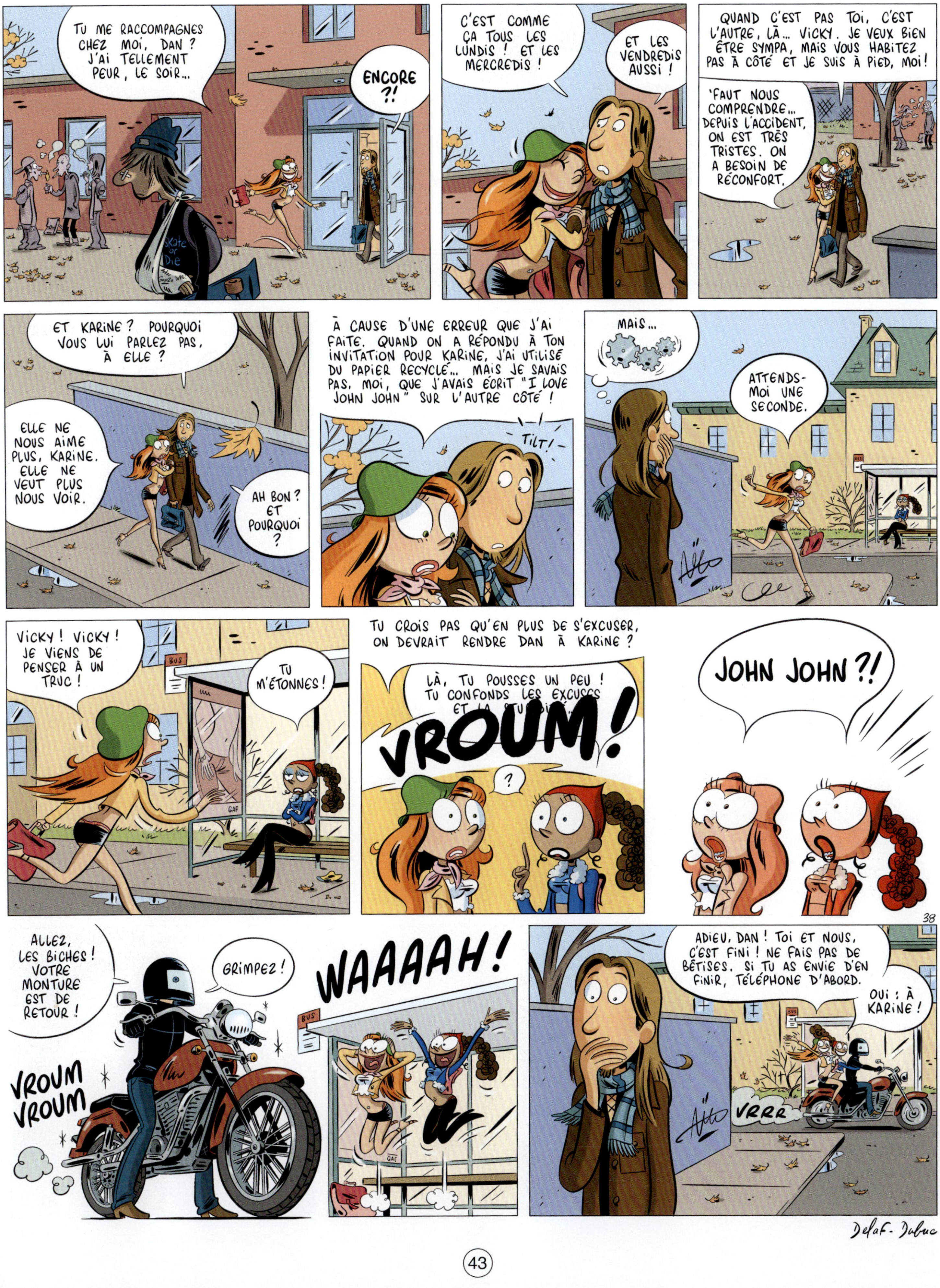

TU ME RACCOMPAGNES CHEZ MOI, DAN ? J'AI TELLEMENT PEUR, LE SOIR...
ENCORE ?!
SKATE OR DIE
C'EST COMME ÇA TOUS LES LUNDIS ! ET LES MERCREDIS !
ET LES VENDREDIS AUSSI !
QUAND C'EST PAS TOI, C'EST L'AUTRE, LÀ... VICKY. JE VEUX BIEN ÊTRE SYMPA, MAIS VOUS HABITEZ PAS À CÔTÉ ET JE SUIS À PIED, MOI !
'FAUT NOUS COMPRENDRE... DEPUIS L'ACCIDENT, ON EST TRÈS TRISTES. ON A BESOIN DE RÉCONFORT.
ET KARINE ? POURQUOI VOUS LUI PARLEZ PAS, À ELLE ?
ELLE NE NOUS AIME PLUS, KARINE. ELLE NE VEUT PLUS NOUS VOIR.
AH BON ? ET POURQUOI ?
À CAUSE D'UNE ERREUR QUE J'AI FAITE. QUAND ON A RÉPONDU À TON INVITATION POUR KARINE, J'AI UTILISÉ DU PAPIER RECYCLÉ... MAIS JE SAVAIS PAS, MOI, QUE J'AVAIS ÉCRIT "I LOVE JOHN JOHN" SUR L'AUTRE CÔTÉ !
TILT !
MAIS...
ATTENDS-MOI UNE SECONDE.
VICKY ! VICKY ! JE VIENS DE PENSER À UN TRUC !
TU M'ÉTONNES !
BUS
TU CROIS PAS QU'EN PLUS DE S'EXCUSER, ON DEVRAIT RENDRE DAN À KARINE ?
LÀ, TU POUSSES UN PEU ! TU CONFONDS LES EXCUSES ET LA STUPIDITÉ
VROUM !
?
JOHN JOHN ?!
ALLEZ, LES BICHES ! VOTRE MONTURE EST DE RETOUR !
GRIMPEZ !
VROUM VROUM
WAAAAH !
ADIEU, DAN ! TOI ET NOUS, C'EST FINI ! NE FAIS PAS DE BÊTISES. SI TU AS ENVIE D'EN FINIR, TÉLÉPHONE D'ABORD.
OUI : À KARINE !
VRRR
38
Delaf - Dubuc

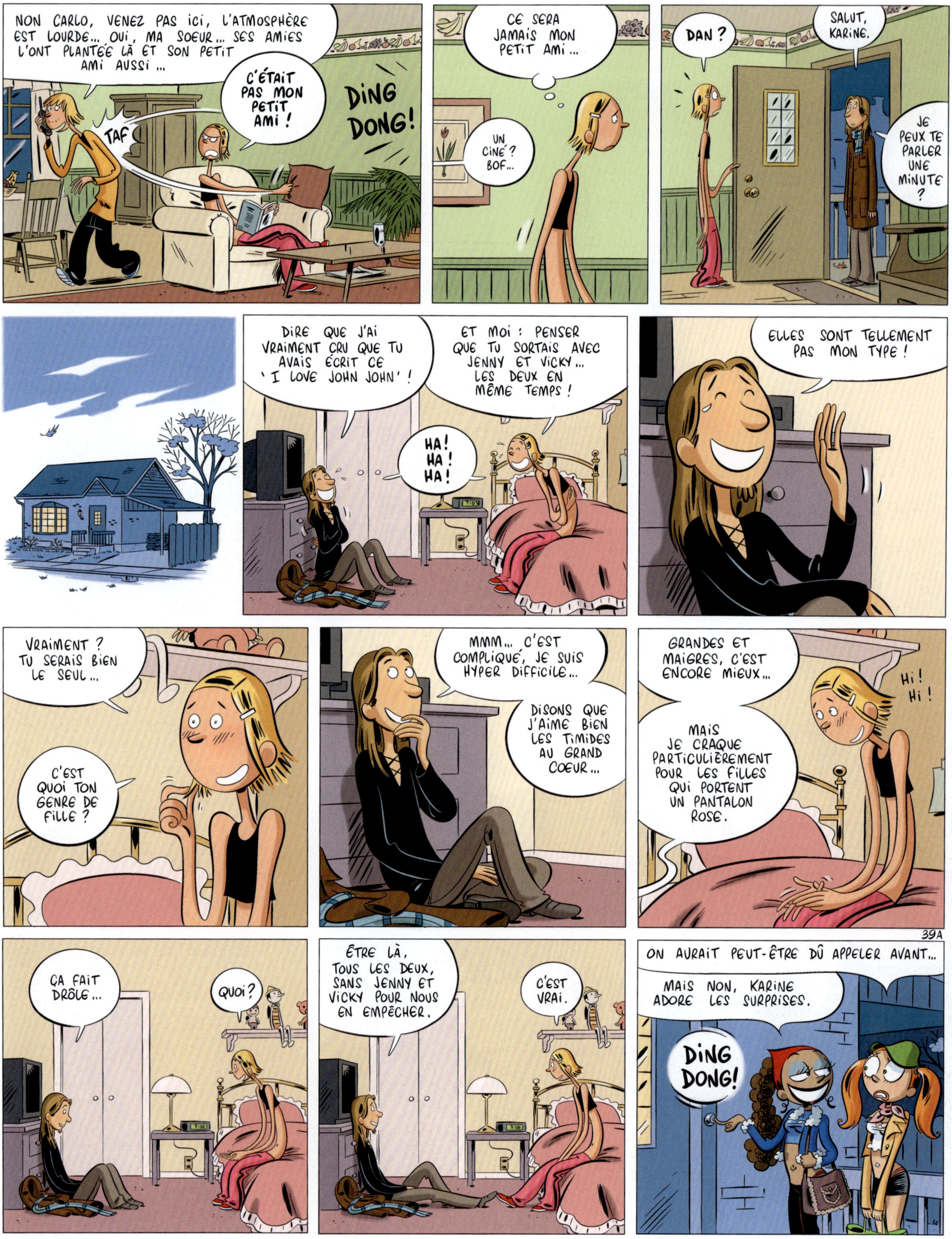
NON CARLO, VENEZ PAS ICI, L'ATMOSPHÈRE EST LOURDE... OUI, MA SOEUR... SES AMIES L'ONT PLANTÉE LÀ ET SON PETIT AMI AUSSI...
TAF
C'ÉTAIT PAS MON PETIT AMI !
DING DONG!
CE SERA JAMAIS MON PETIT AMI...
UN CINÉ ? BOF...
DAN ?
SALUT, KARINE.
JE PEUX TE PARLER UNE MINUTE ?
DIRE QUE J'AI VRAIMENT CRU QUE TU AVAIS ÉCRIT CE 'I LOVE JOHN JOHN' !
ET MOI : PENSER QUE TU SORTAIS AVEC JENNY ET VICKY... LES DEUX EN MÊME TEMPS !
HA ! HA ! HA !
ELLES SONT TELLEMENT PAS MON TYPE !
VRAIMENT ? TU SERAIS BIEN LE SEUL...
C'EST QUOI TON GENRE DE FILLE ?
MMM... C'EST COMPLIQUÉ, JE SUIS HYPER DIFFICILE...
DISONS QUE J'AIME BIEN LES TIMIDES AU GRAND COEUR...
GRANDES ET MAIGRES, C'EST ENCORE MIEUX...
HI ! HI !
MAIS JE CRAQUE PARTICULIÈREMENT POUR LES FILLES QUI PORTENT UN PANTALON ROSE.
39A
ÇA FAIT DRÔLE...
QUOI ?
ÊTRE LÀ, TOUS LES DEUX, SANS JENNY ET VICKY POUR NOUS EN EMPÊCHER.
C'EST VRAI.
ON AURAIT PEUT-ÊTRE DÛ APPELER AVANT...
MAIS NON, KARINE ADORE LES SURPRISES.
DING DONG!

ALLÔ, CARLO ? VOUS VOULIEZ VOUS FAIRE UN CINÉ ?
SURPRI...
DAN ?!
ESPÈCE DE GIROUETTE ! ON T'A À PEINE JETÉ QU'ON TE RETROUVE DANS LES BRAS D'UNE AUTRE !
QU'EST-CE QUE VOUS FAITES ICI ?!
TE FÂCHE PAS, KARINE, ON VOULAIT JUSTE S'EXCUSER D'AVOIR ÉTÉ UN TOUT PETIT PEU VACHES AVEC TOI...
ON A APPORTÉ NOS PYJAMAS ET UN FILM POUR FAIRE UNE FÊTE ENTRE COPINES.
VIDÉO PLUSSE
MAIS ON DÉRANGE. EXCUSEZ-NOUS, ON S'EN VA.
VIENS, VICKY.
NON, RESTEZ.
JE PARTAIS DE TOUTE FAÇON, HEIN, KARINE ?
AH ! EH BEN DANS CE CAS, INSTALLONS-NOUS !
CHOUETTE ! CHOUETTE !
DAN...
PARS PAS, C'EST TROP TRISTE !
JE CROIS QUE TES AMIES ONT BESOIN DE TOI...
COMME MOI, D'AILLEURS.
TU VIENS, KARINE ?
39B
TU VAS ÊTRE CONTENTE...
JENNY T'A CHOISI UN FILM ÉTRANGER, COMME TU LES AIMES...
OUI, UN BON BLOCKBUSTER AMÉRICAIN AVEC PLEIN DE BEAUX MECS !
ASSEZ DÉPAYSANT À TON GOÛT ?

AVOUE QUE T'AS DE LA CHANCE D'AVOIR DES COPINES COMME NOUS !
AH, LES FILLES... ÇA FAIT DU BIEN DE VOUS RETROUVER !
TU ME FILES UN PEU DE POP-CORN ?
CHHHHT!

Delaf - Dubuc

T'AS LU : « RIRE FERAIT RIDER LA PEAU PRÉMATURÉMENT ».
OUAIS, C'EST POUR ÇA QUE J'AI DONNÉ TOUS MES SPIROU À KARINE.
PAS CONNE !
HA ! HA ! HA ! HA ! HA !